Bürte Lachenmann

Nordfriesland

Radeln für die Seele

15 Wohlfühltouren

Droste Verlag

ALLE RADTOUREN AUF EINEN BLICK

Schwalben fühlen sich in den Schutzgebieten sehr wohl

Graugänse brüten in den Schutzgebieten hinter dem Deich

Moin!

15 Radtouren in Nordfriesland – das war gar nicht einfach. Immerhin ist unsere Region unglaublich abwechslungsreich, hat einige Urlaubshotspots und dann auch noch die Inseln Sylt, Föhr, Amrum und Pellworm vor der Tür. Dazu ein Weltnaturerbe, das es weltweit in dieser Form kein zweites Mal gibt, zehn Halligen, die mitten im Meer liegen, Vogelschutzgebiete, Salzwiesen und Schafe.
Hier radeln wir auf dem Meeresboden, das allein ist schon besonders. Freuen Sie sich auf unterschiedliche Touren abseits bekannter Pfade und gehen Sie mit mir auf Entdeckungstour durch die Region, die so unendlich viel zu bieten hat. Wir probieren uns durch die nordfriesische Käsewelt, besuchen kleine innovative und moderne Direktvermarkter und lassen uns von der wilden Natur abseits des Meeres verzaubern. Zwischendurch bleibt viel Zeit, um sich mit Traditionen und Kultur vertraut zu machen, oder die Nase an einem ruhigen Plätzchen in den Wind zu halten.
Zahlreiche Hofcafés liegen auf unseren Strecken, es geht den Deich hinauf und hinab und gegen den Wind, aber immer an wundervollen Landschaften vorbei. In diesem Buch finden Sie Touren für alle und manche von ihnen können kombiniert werden und sind dann sogar für richtig sportliche Rennradfahrerinnen und Radfahrer zu empfehlen. Ich wünsche Ihnen viel Spaß beim Erkunden meines Nordfrieslands.

Ihre Burte Lachenmann

NATUR-INFO

KULTUR-INFO

TOUREN-/EVENT-INFO

GENUSS-INFO

Grenzstein am nördlichsten Festlandpunkt Deutschlands

- 32,9 Kilometer
- 30 Höhenmeter
- 5 Stunden
- Rundtour

Stille und Farbe

Nolde-Himmel rund um Klanxbüll

Wir starten unsere nördlichste Auszeittour am **Informationszentrum Wiedingharde** ❶ in Klanxbüll. Der Ort ist bestens mit der Bahn zu erreichen. Da wir uns am letzten Festlandhalt vor Sylt befinden und da viele Pendler Klanxbüll als Einstiegspunkt wählen, gibt es zahlreiche gute Parkmöglichkeiten im Dorf. Im Infozentrum stimmen wir uns etwas auf unsere Tour ein. Eine kleine, aber sehr liebevolle Ausstellung informiert über die Region, die Trinkflaschen können noch aufgefüllt werden und los geht es.

Wir starten auf dem Parkplatz des Zentrums, fahren rechts und biegen dann gleich wieder rechts auf die Hauptstraße ab. Schon am Ortsausgang verlassen wir die Hauptstraße und biegen rechts in den **Bombüller Weg** ein. Sofort liegt alle Hektik hinter uns und vor uns tut sich die Weite des Koogs auf. Wenn der Weg nach gut 400 Metern eine Linkskurve macht, halten wir uns geradeaus und fahren direkt auf die Pausenbank zu. Wenn es dafür nicht viel zu früh wäre, hätten wir hier einen wundervollen Blick über **Klanxbüll** und die Weite der Wiedingharde.

Wir folgen aber dem Weg weiter bis zur Hauptstraße. Wenn wir dort angekommen sind, sehen wir links die einzige reetgedeckte Kirche auf dem Festland. Sie ist etwas unscheinbar, denn der Glockenturm befindet sich neben dem Gebäude. Die **Kirche Unserer Lieben Frau** ❷ ist eine spätromanisch-frühgotische gewölbte Backsteinkirche und stammt aus der Mitte des 13. Jahrhunderts. Ein Blick hinein lohnt auf jeden Fall, denn die Renaissancekanzel aus dem

Kirche Klanxbüll

Für die Seele

Wir genießen die Weite und Einsamkeit am Deich und spüren die Kraft der Farben im Marschland, wo Emil Noldes Bilder lebendig werden.

späten 16. Jahrhundert stammt aus der Kirche von Volgsbüll. Ein Ort, der in der schweren Burchardiflut 1634 unterging und zwischen der Hamburger Hallig und der Hallig Nordstrandischmoor lag.

Wir biegen auf der Hauptstraße rechts ab, überqueren nach einigen Metern die Bahngleise und fahren in den kleinen Weg direkt hinter der Schranke. Diesem Weg folgen wir nun gut 4 Kilometer, und am Bushäuschen rollen wir die enge Linkskurve weiter. Während links die Bahnlinie zu uns stößt, ist auf der rechten Seite der weite Blick frei auf den **Rickelsbüller Koog.**

Hinter dem nächsten Schafgatter halten wir uns links und fahren den Deich hinauf. Der Ausblick ist atemberaubend. Sylt, die Salzwiesen und das Weltnaturerbe Wattenmeer breiten sich in voller Schönheit vor uns aus. Zeit, vom Rad zu steigen und diesen Moment zu genießen. Links von uns liegt der **Hindenburgdamm ❸.**

Wir folgen dem asphaltierten Weg. Die Schafe begleiten uns und wir können sie überall beim Grasen oder Faulenzen in den Salzwiesen beobachten. Irgendwo hier am Deich suchen wir uns einen einsamen Platz, an dem wir vom Rad steigen und die Natur auf uns wirken lassen. Wenn wir hier die Augen schließen, dann hören wir unzählige Vögel, das Blöken der Schafe und den Wind, der allgegenwärtig ist. Lassen wir unseren Blick über die Salzwiesen streifen, kann es sogar sein, dass wir den Seeadler am Horizont entdecken. Der Alltag wird weggeweht und wir sind der Natur ganz nah.

*Der **Hindenburgdamm** ist die wichtigste Verbindung nach Sylt und die einzige Möglichkeit, die Insel vom deutschen Festland aus zu erreichen. Er wurde 1927 eröffnet und führt gut 8 Kilometer durchs Weltnaturerbe Wattenmeer.*

Wenn uns danach ist, schwingen wir uns wieder in den Sattel und setzen unsere Tour fort. Noch 2 Kilometer führt uns der Weg Richtung Norden, bis wir dem einzigen Deichübergang folgen. Oben auf der Deichkrone haben wir einen zauberhaften Rundumblick. Der Weitblick geht bis zur dänischen Insel Rømø, und vielleicht sehen wir sogar eine von den weißen Fähren, die zwischen List auf Sylt und der dänischen Insel verkehren.

Nun sind wir also am Ende der Welt angekommen. Zumindest stellt sich das Gefühl schnell ein, wenn man hier steht, und immerhin befinden wir uns auch am **nördlichsten Festlandpunkt Deutschlands.** Geradeaus geht es nicht weiter. Ein Zaun versperrt den direkten Weg nach Dänemark. Der Wildschweinzaun wurde von der dänischen Regierung in Auftrag gegeben und im Dezember 2019 fertiggestellt. Auf der gesamten Grenzlänge von 70 Kilometern soll der Zaun dafür sorgen, dass Wildschweine die Afrikanische Schweinepest nicht ins Land bringen.

Radfahren am Deich

Weiter geht's entlang des Zaunes, der auf den nächsten gut 4 Kilometern immer links von uns zu sehen ist. Auf dem Weg durch den **Rickelsbüller Koog ④** kommen wir nach gut 1 Kilometer an einer **Vogelbeobachtungshütte** vorbei, wo sich ein kurzer Stopp während der Zugvogelzeit im Frühjahr und Herbst auf jeden Fall lohnt.

Kurz danach stehen wir an der Kreuzung zum kleinen **Grenzübergang nach Hojer** und können auch da noch einmal den Blick in die Weite schweifen lassen, bevor sich die Landschaft verändern wird.

Wenn wir rechts abbiegen in die Straße Rickelsbüller Koog, dann stehen wir nach nur 100 Metern vor dem **Café Zollhaus ⑤.** Hier gibt es leckere Kuchen und herrliche Waffeln. Diese können im Strandkorb sitzend genossen werden.

Für uns geht es geradeaus weiter. Der **Grenzweg** führt uns an den schönsten Reetdachhäusern der Gegend vorbei. Einige stehen dort seit mehr als 100 Jahren und trotzen Wind und Sturm. Gut 300 Meter nach der Rechtskurve machen wir auf der unscheinbaren **Brücke ⑥** halt. Eindrucksvoll können wir auf der linken Seite sehen, wie sich die Natur entwickelt und auch von Hindernissen nicht gestoppt wird. Der Baum muss dort über die letzten Jahrzehnte gewachsen sein.

Kurz danach kommen wir an eine kleine Kreuzung, wo unser Weg nach links fortgesetzt wird. Am Ende des Weges sind wir in **Rosenkranz,** einem kleinen Grenzort am Ende des Landes.

Schauen wir um die Ecke hinter den historischen **Grenzkrug ⑦,** einem Gasthaus von 1742, in dem es leckere Speisen und Getränke gibt, dann sind wir gleich auf einen kleinen Abstecher in Dänemark und können einen Blick auf den **Ruttebüller See ⑧** werfen, durch dessen Gewässer die deutsch-dänische Grenze führt. Die gemütlichen Picknickplätze laden zum Verweilen ein und der Ausblick ist hinreißend. Hier oben in der Grenzregion kann im Frühling und Herbst ein Natur-

Nordseeküstenradweg
beim Nolde-Museum

spektakel beobachtet werden: der Starenflug. Zur Dämmerung sammeln sich bis zu einer halben Million Stare in dieser Region zur Nachtruhe. Es ist ein atemberaubendes Schauspiel, wie die kleinen Vögel im Sonnenuntergang tanzen. An welchem See sie sich in der Gemeinde Aventoft allerdings niederlassen, ist nicht vorherschbar, sondern wechselt immer wieder. Am besten orientiert man sich an den dänischen Bussen, die Hobbyornithologen ins Grenzgebiet bringen, die dieses Spektakel beobachten möchten.

Eine kurze Zeit führt uns unsere Tour weiter auf der Hauptstraße in Richtung Süden und wir folgen der Ausschilderung des Nordseeküstenradwegs, auf dem wir seit dem Rickelsbüller Koog unterwegs sind. Kurz nachdem die Hauptstraße nach **Aventoft** führt, fahren wir einen kleinen, fast unscheinbaren Weg hinein. Hier erwartet uns gleich ein kurzes Stück unbefestigter Weg, der aber absolut lohnend ist. Notfalls können wir das Rad die gut 800 Meter auch schieben.

Obwohl dieser Abschnitt ebenfalls Teil des Nordseeküstenradwegs ist, trifft man hier selten andere Menschen. Ein kurzer Stopp auf der Brücke über die **Schmale** ist wundervoll und wir genießen den Ausblick über das Wasser.

Am Ende des Naturweges wartet das Emil-Nolde-Wohnhaus mitsamt Museum, Garten und Café, dem **Element Seebüll 9**. Wir bleiben aber noch einige Meter auf dem Schotterweg und stoppen in der Kurve am Reetdachhaus. Hier zwischen dem alten und neuen Wohnhaus des Malers zeigt sich die Weite des „Nolde-Himmels" in seiner ganzen Pracht. Fast fühlt man sich als Teil eines seiner Bilder, so authentisch, farbig und echt zeigt sich die Vielfalt der Landschaft. Ein Stückchen weiter ist der Eingang des **Nolde-Museums 10** und wir haben die Möglichkeit, das Rad abzustellen. Ein Besuch in Noldes Garten ist absolut zu empfehlen. Es ist eine Kraftoase, ein Wohlfühlort und zu jeder Zeit einen Besuch wert. Der Garten wurde von Emil und

Ada Nolde selbst geplant und angelegt. Hier malte der Künstler zahlreiche seiner bekannten Bilder. Nolde wurde 1867 als Hans Emil Hansen in Nolde, Kreis Tondern, geboren. Er war einer der führenden Maler des Expressionismus und ist bekannt für seine ausdrucksstarke Farbwahl.

Nolde machte eine Ausbildung als Schnitzer und Zeichner in Flensburg, wo er an der Restaurierung des Brüggemann-Altars beteiligt war. Er erwarb keinen Abschluss und kam nach verschiedenen Stationen ans Gewerbemuseum nach St. Gallen, wo er als Lehrer arbeitete. Bekannt wurde er, indem er kleine farbige Zeichnungen der Schweizer Berge erstellte und von ihnen Postkarten drucken ließ. Ada und Emil heirateten 1902 in Kopenhagen, erwarben 1926 eine leerstehende Warft in Neukirchen und zogen selbst auf den Seebüllhof. Ihr eigens entworfenes Wohnhaus bezogen sie 1930. Nach umfangreichen Sanierungen wurde es im Sommer 2022 wieder in neuem Glanz eröffnet und steht für Ausstellungen ab 2023 zur Verfügung. Die Begräbnisstätte von Ada und Emil Nolde befindet sich ebenfalls auf dem Areal und kann besucht werden.

Es gibt auch einen kleinen Wanderweg am Haus, der zum **Hülltofter Tief** führt. Hier wartet eine kleine Badestelle mit Liegebuchten, wo man eine Abkühlung nehmen kann.

Mit dem Rad fahren wir vom Parkplatz des Nolde-Museums zur Hauptstraße und halten uns dann rechts. Immer wieder geht der Blick nach oben zum unverwechselbaren Nolde-Himmel, der uns umarmt und dessen Teil wir sind. Nach gut 2 Kilometern kommen wir an eine Hauptstraße, wo wir links abbiegen. Wir sind in Neukirchen. Hier bietet sich ein Stopp am **Deichmuseum** 11 an.

Wir fahren weiter bis zur Hauptstraße, wo wir links abbiegen und durch das Dorf fahren. Am Ortsende halten wir uns rechts Richtung Klanxbüll. Ein gut ausgebauter Radweg führt die 3 Kilometer entlang der Straße, an deren Ende das Restaurant **Klanxbüller Stuben** 12 auftaucht.

Wir überqueren die Straße und halten uns dann rechts. Nach knapp 1 Kilometer empfängt uns das Ortsschild von Klanxbüll und wir biegen die zweite Straße links ab, wo auch das Informationszentrum Wiedingharde ausgeschildert ist. Hier endet unsere Auszeittour.

*Das **Deichmuseum** ist ein kleines Draußenmuseum. Liebevoll gepflegt werden die vier Deichprofile und die Infokarten, anhand derer wir erkennen können, wie sich das Land entwickelt hat.*

Der Garten beim Nolde-Museum ist nicht nur für Gartenliebhaber interessant

Am Deich beim Rickelsbüller Koog
mit Blick auf Sylt

Nationalpark Schleswig-Holsteinisches Wattenmeer
Wattenmeer nördlich des Hindenburgdammes
Rickelsbüller Koog
Norddeich
Gammel Frederikskog
Vidå
Rudbølkog
Rudbøl Sø
Ruttebüller See
DÄNEMARK
DEUTSCHLAND
Rosenkranz
L 312
Aventofter Landstraße
Schmale
Fischerhäuser
Nordosterdeich
Hülltofter Tief
Seebüll
Hörn
Revtoftweg
Damm
Kixbüll
Rodenäs
Rodenäser Sielzug
L 271
Neudorf
Schneedeich-Sielzug
Nordhörn
Osterklanxbüll
Klanxbüll
Westerweg
Friedrich-Wilhelm-Lübke-Koog
Osterdeich
Neukirchen
Krakebüller Straße
Hesbüller Straße
Klanxbüller Querzug
Spangweg
Hesbüll
L 6
Hornburg
Bombüll
L 8
Südhesbüll
1
2
3
4
5
6
7
8
9
10
11
12

Alles auf einen Blick

Entspannung ✱✱✱✱✱
Genuss ✱✱✱
Romantik ✱✱✱✱

WIE & WANN:
Fast durchgehend asphaltiert, größtenteils Nebenstraßen. Kürzere Abschnitte auf Radwegen an wenig befahrenen Landstraßen. Beste Zeit: Mai bis Oktober.

HIN & WEG:
Auto: Direkt am Ortseingang von Klanxbüll, Spangweg 22c, 25924 Klanxbüll, www.syltparkplatz.de (GPS: 54.859779, 8.683315) und diverse Parkplätze am Bahnhof (GPS: 54.862917, 8.675776)
ÖPNV: Mit der Bahn (RE 6 Hamburg-Altona nach Westerland/Sylt) bis Bahnhof Klanxbüll

ESSEN & ENTSPANNEN:
Café Zollhaus ❺ Norddeich 3, 25924 Rodenäs, Tel. (01 62) 7 58 57 34, cafe-zollhaus.business.site
Grenzkrug ❼ Rosenkranzer Straße 44, 25927 Aventoft, Tel. (0 46 64) 3 86, www.alter-deutscher-grenzkrug.de
Restaurant Element Seebüll ❾ Seebüll 31, 25927 Neukirchen
Klanxbüller Stuben ⓬ Klanxbüller Straße 85, 25927 Neukirchen, Tel. (0 46 64) 5 03, www.klanxbueller-stuben.de

ENTDECKEN & ERLEBEN:
Informationszentrum Wiedingharde ❶ Toft 1, 25924 Klanxbüll, Tel. (0 46 68) 3 13, www.wiedingharder-infozentrum.de
Kirche Unserer Lieben Frau ❷ Westerweg 25, 25924 Klanxbüll, www.kirche-klanxbuell.de
Hindenburgdamm ❸ **Rickelsbüller Koog** ❹
Brücke ❻ **Ruttebüller See** ❽
Emil Nolde Museum ❿ Seebüll 31, 25927 Neukirchen, Tel. (0 46 64) 98 39 30, www.nolde-stiftung.de
Deich- und Sielmuseum Neukirchen ⓫ Nordosterdeich, 25927 Neukirchen, Tel. (0 46 64) 3 63

- 27,3 Kilometer
- 30 Höhenmeter
- 3 Stunden
- Rundtour

Eingangstür der St.-Laurentius-Kirche

Natur und Bauwerk

Zum Eidersperrwerk am Watt

Unsere Auszeittour beginnt auf dem **Marktplatz ❶,** wo man auch gleichzeitig gut parken kann. Am Montag ist immer Markt, daran sollten wir vorher denken. Vom Bahnhof Tönning ist der Marktplatz in wenigen Minuten zu erreichen.

Tönning ist eine gemütliche historische Hafenstadt an der Eidermündung. Der Hafen war bis zum Ende des 19. Jahrhunderts von großer Bedeutung, er war sogar einer der wichtigsten kontinentaleuropäischen Häfen der Nordseeküste. Der Aufschwung endete 1895 mit dem Bau des Nord-Ostsee-Kanals (damals Kaiser-Wilhelm-Kanal). Mit dem Bau des Eidersperrwerkes 1972 verlor Tönning auch die Bedeutung des Fischereihafens. Ein Bummel am Hafen und durch die Stadt lohnt sich, denn die traditionsreiche Geschichte spiegelt sich in der Vielzahl der Gebäude und der Architektur wider. Das **Packhaus ❷** am Hafen wurde 1783 gebaut und diente als Lagerstätte für verschiedene Produkte wie Getreide, Kaffee, Tabak und vieles mehr. Heute wird es für verschiedene Veranstaltungen genutzt und beherbergt ein kleines Museum.

Vom Marktplatz aus starten wir nach links und fahren hinunter bis an die Eider, hier biegen wir rechts ab. Wir fahren am Tönninger Badestrand vorbei und folgen dem Weg eine Zeit lang bis **Groß-Olversum,** wo wir weiter am Deich radeln. An der Hauptstraße fahren wir links, hier sehen wir das **Infohaus Spökenkieker ❸.** Das kleine, reetgedeckte Gebäude beheimatet eine Dauerausstellung, die von ehrenamtlichen Helfern vor Ort betreut wird. Hier geht es um

Tönninger Schlosspark

Altar der St.-Laurentius-Kirche

Für die Seele

Tönning mit seinem schönen alten Hafen und dem wundervollen Blick über die Eider lädt zum ausgiebigen Pausieren ein und streichelt unsere Seele.

die Natur Eiderstedts, es findet sich viel Informatives über Menschen und Tiere der Region, zum Teil auch auf Schautafeln im Außenbereich.

Wir biegen danach links ab und gleich wieder rechts. Wir folgen dem Verlauf bis zur Kreuzung, also gut 1,5 Kilometer. An der Dorfstraße fahren wir kurz links und biegen fast gegenüber in Am Watt ein. In Kating treffen wir auf die **St.-Laurentius-Kirche** 4.

Wir folgen der Straße bis zur **Schankwirtschaft Andresen** 5. Hier haben wir die Möglichkeit, eine kulinarische Pause einzulegen. Es ist die älteste Schankwirtschaft an der Nordseeküste und sie liegt idyllisch am Deich. Original Delfter Fliesen schmücken die Stube und der selbst gemachte Eiergrog ist die Spezialität des Hauses. Wer es lieber deftig mag, der kann eine gute Stulle essen. Schwarzbrot mit Krabben, Mettwurst, Schafskäse oder anderem Belag. Und natürlich gibt es auch eine großartige Auswahl an Kuchen, Waffeln und Eis.

Nach einer Stärkung folgen wir dem Katingsiel nach links bis zum **NABU-Naturzentrum** 6 Katinger Watt. Durch den Bau des Eidersperrwerks entstand das heute gut 1500 Hektar große **Katinger Watt,** das am Anfang unter die Planungshoheit der Stadt Tönning fiel. Anfänglich wurde hier die touristische Erschließung geplant, aufgrund von wachsendem Bürgerwiderstand und fehlenden Investoren wurde das aber nicht umgesetzt. Der Naturschutzbund betreut das Gebiet seit 1967, und durch viele Maßnahmen, wie das Anpflanzen eines 350 Hektar großen Waldgebietes,

Die ***St.-Laurentius-Kirche*** *ist eine wunderschöne Kirche mit rotem Backsteinturm und einem weißen Langhaus aus Feldsteinen. Um das Jahr 1200 auf einer Warft gebaut, wurde sie im Jahr 1988 restauriert. Sie besitzt die älteste Kirchturmglocke Schleswig-Holsteins und einen sehenswerten Schnitzaltar.*

Entsalzung und Entwässerung hat sich ein wertvolles Brutgebiet entwickelt. Heute können wir hier Seeadler, Kiebitze, diverse Enten und Gänse oder Säbelschnäbler beobachten.

*Jährlich im Mai/Juni spielt sich am Sperrwerk auf den vorgelagerten Steinen ein Naturspektakel ab. Vor gut 10 Jahren haben sich hier die ersten Brutpaare der **Küstenseeschwalbe** angesiedelt. Mittlerweile versammeln sich um die 400 Paare zur Brutzeit und es ist ein quirliges Getümmel.*

Im Naturzentrum warten eine Ausstellung und ein kleiner Naturgarten. In den Sommermonaten finden auch regelmäßig Führungen und Exkursionen statt. Zur Beobachtung gibt es im Katinger Watt zwei Beobachtungshütten und einen 16 Meter hohen Beobachtungsturm, den wir in ein paar Minuten auf unserer Tour sehen werden.

Wir radeln im Straßenverlauf weiter, um dann auf der Eiderdammstraße rechts zu fahren, bis zum Eidersperrwerk. Etwa auf der halben Strecke ist links ein Parkplatz, wo wir die Räder abstellen können, um den **Beobachtungsturm** ⑦ zu erklimmen.

Ein Stück weiter stoßen wir auf das **Eidersperrwerk** ⑧. Eine Pause ist unbedingt angebracht, denn es ist Deutschlands größtes Küstenschutzbauwerk. Nachdem die große Hamburger Sturmflut 1962 auch Tönning erreicht hatte, wurde darüber diskutiert, ob man die Deiche an der Eidermündung erhöhen oder ein Sperrwerk bauen sollte. Man entschied sich schließlich

Ein Mammutbauwerk: das Eidersperrwerk

für das Sperrwerk, an dem 1967 die Bauarbeiten begannen, am 10. März 1973 wurde es eingeweiht.

Die Baukosten lagen bei damals immensen 170 Millionen D-Mark. Die Strömungsverhältnisse in der Eidermündung bereiteten dabei die größten Schwierigkeiten und trieben die Kosten in die Höhe.

Das Sperrwerk ist mit den neu gebauten Deichen 4,9 Kilometer lang, mit dem Auto und Rad kann es durch einen 236 Meter langen Tunnel durchquert werden. Das Sperrwerk besteht aus zwei Reihen mit je fünf Toren, um eine doppelte Deichsicherheit zu gewährleisten. Daneben gibt es eine Schleuse für den Schiffsverkehr auf der Eider.

Das Eidersperrwerk lässt sich per Treppe erklimmen. Von oben hat man einen grandiosen Ausblick auf die Eider sowie die Nordsee. Auf dem südlichen Parkplatz gibt es auch einen kleinen Imbiss für ein Päuschen.

Unsere Tour führt uns weiter in die nördlich liegende Straße **Katinger Watt** und wir folgen dem Weg gut 3,5 Kilometer. Dann geht links ein Weg ab, dem wir nachfahren. Hier gibt es noch einen Aussichtsturm und einen schönen **Erlebnispfad** ⑨. Wir radeln dann weiter auf der Hauptstraße bis zur T-Kreuzung, wo wir rechts abbiegen und wieder am Infohaus Spökenkieker vorbeifahren. Wir bleiben ein paar Meter länger auf der Hauptstraße und biegen erst am Ortsausgang in die Deichgrafenstraße ein. Vor dem Deich fahren wir links bis zum Ende. Wir biegen also nicht links ab Richtung Marktplatz, sondern fahren bis nach vorne zum **Alten Hafen** ⑩ von Tönning. Gerade von dieser Seite aus haben wir einen schönen Panoramablick über das alte Bauwerk und können uns das alte Packhaus aus der Nähe anschauen. **Dreilande – Das Restaurant** ⑪ bietet sich für eine Einkehr an. Allerdings nur für diejenigen, die mit der Bahn angereist sind. Denn bei der Rückkehr zum Startpunkt kommt man hier vorbei.

Dreilande – Das Restaurant *wurde 2021 in der Nähe des Bahnhofs eröffnet. Hier gibt es regionales Essen in gemütlicher Atmosphäre. Ein kleines Restaurant, das liebevoll von Marc Seidel und Guido Baumann geführt wird. Eine Reservierung im Vorfeld ist erforderlich.*

Hier haben wir auch noch einen wundervollen Blick über die Eider und die Eiderbrücke. Die **Eider** ist 188 Kilometer lang und entspringt zu gleicher Stärke in zwei Quellteichen. Einmal südlich von Schönhagen am Forsthaus Mannhagen und bei Oevendorfer Redder. Durch den Nord-Ostsee-Kanal ist der Lauf der Eider unterbrochen worden, sodass sie in Rendsburg quasi neu entspringt, da kein Wasser aus dem Kanal zurück in den Fluss gelangt.

Es treten durch Ebbe und Flut starke Strömungen auf, wodurch sich das Flussbett tief in den Marschboden gegraben hat. Es gibt Teilstücke, wo die Eider bis zu 20 Meter tief ist. Das Gebiet zählt zu den besten Paddelrevieren im Norden.

Wir beenden unsere Tour am Marktplatz. Dafür fahren wir von der Hafenspitze zurück und nehmen die erste Möglichkeit rechts auf die Schleusenstraße. Wir radeln am **alten Hafen** entlang bis zur Neustraße und biegen dort links ein. Nach gut 200 Metern stehen wir wieder auf dem Marktplatz von Tönning.

An der Eidermündung

Tönning
Olversum
Badallee
L 241
Katinger Landstraße
Langer Weg
Groß-
Olversum
Lehnsmann-Siercks-Straße
Deichgrafenstraße
Dorfstraße
Kating
Dorfstraße
Am Watt
Hundelochgraben
Norderlochgraben
Katingsiel
Rüxbüller Straße
L 241
Katinger Wald
Katinger Priel
Katinger Watt
L 305
Naturschutzgebiet
Grüne Insel mit Eiderwatt
Naturschutzgebiet
Dithmarscher Eidervorland
mit Watt
Eider
Nationalpark
Schleswig-Holsteinisches
Wattenmeer
5

Alles auf einen Blick

Entspannung *****
Genuss *****
Romantik *****

WIE & WANN:
Asphaltierte Wege. Für Anfänger sehr gut geeignet. Beste Zeit: April bis Oktober.

HIN & WEG:
Auto: Kostenpflichtiger Parkplatz am Marktplatz, Am Markt, 25832 Tönning (GPS: 54.316314, 8.940815)
ÖPNV: Mit der Bahn (RB 64 Husum nach St. Peter-Ording) bis Bahnhof Tönning

ESSEN & ENTSPANNEN:
Schankwirtschaft Andresen ❺ Katingsiel 4, 25832 Tönning, Tel. (0 48 62) 3 70, www.schankwirtschaft-andresen.de
Dreilande – Das Restaurant ⓫ Westerstraße 17, 25832 Tönning, Tel. (0 48 61) 6 80 14, www.dreilande-restaurant.de

ENTDECKEN & ERLEBEN:
Marktplatz ❶
Packhaus ❷ Am Eiderdeich 18, 25832 Tönning, Tel. (0 48 61) 6 14 20, www.packhaus-tönning.de
Infohaus Spökenkieker ❸ Schäferweg 9, 25832 Tönning, Tel. (0 48 64) 12 02, www.spoekenkieker-sh.de
St.-Laurentius-Kirche ❹ Dorfstraße, 25832 Tönning
NABU-Naturzentrum ❻ Katingsiel 14, 25832 Tönning, Tel. (0 48 62) 80 04, www.nabu-katinger-watt.de
Beobachtungsturm ❼
Eidersperrwerk ❽
Erlebnispfad ❾
Alter Hafen ❿

- 31,1 Kilometer
- 80 Höhenmeter
- 4 Stunden
- Rundtour

Alltagsmenschen in Wenningstedt

Luxus und Natur

Von Keitum ans Ende der Welt

Nach Sylt kommen wir per Bahn über den **Hindenburgdamm,** ein Zustieg ist in Niebüll oder in Klanxbüll möglich. In beiden Orten gibt es Parkplätze, um die Autos stehen zu lassen. Man muss unbedingt ein Fahrradticket lösen und sollte rechtzeitig vor Ort sein, da es nicht so viele Radplätze in den Zügen gibt. Vor allem in den Sommermonaten sind die jeweiligen Bahnen sehr voll. Unbedingt vermeiden sollte man die Anfahrt während der Pendlerzeit, denn dann sind um die 3000 Menschen unterwegs und Gäste mit Rädern haben so gut wie keinen Platz mehr.

Haben wir einen Platz gefunden, so steht einer wundervollen Überfahrt nichts im Weg, denn der Ausblick vom Hindenburgdamm und das „Durchs Wasser fahren"-Gefühl sind einzigartig.

Wir steigen bereits in **Keitum** aus. Um die Auszeittour zu beginnen, müssen wir auf die andere Seite vom Bahnhof. Dafür fahren wir kurz geradeaus, nehmen die nächste Möglichkeit rechts, fahren durch die Unterführung und überqueren die Hauptstraße. Nun geht es für uns immer geradeaus bis zum Deich, der am Horizont schon zu erkennen ist. Nach der Zugfahrt ist die Ruhe jetzt eine Wohltat und man kann kaum glauben, dass man sich mitten auf Sylt, der beliebten Urlaubsinsel, befindet. Die gut 1,5 Kilometer legen wir locker zurück. Vor dem Deich fahren wir einige Meter nach links. Dort steht die **Nationalparkstation Keitum ❶.** Neben öffentlichen Toiletten gibt es innen wie außen einige Informationen zum Weltnaturerbe Wattenmeer und von hier aus beginnen auch

Blick aufs Rantumbecken

Wattwanderungen. Ansonsten überqueren wir den Deich kurz vor dem Infohaus und halten uns hinterm Deich rechts. Wir radeln am Wattenmeer entlang und können am Horizont schon den Deich des **Rantumbeckens 2** wahrnehmen. Eine wundervolle Strecke. Die Schafe grasen am Deich, links plätschert das Meer, schöner geht`s kaum.

Am Übergang zum Rantumbecken angekommen, finden wir einen kleinen **Informationspunkt** vor, wo wir Spannendes rund ums Wattenmeer, Sturmfluten und Küstenschutz nachlesen können.

Nun geht's auf den Rundweg ums Rantumbecken. Es ist nach dem Ort Rantum benannt und ein Naturschutzgebiet, das vom Verein Jordsand betreut wird.

Entstanden ist das Becken in den 1930er-Jahren. Im Auftrag der Wehrmacht wurde 1936/37 ein Wattgebiet geschaffen, auf dem ursprünglich ein Fliegerhorst für Seeflieger entstehen sollte. Wasserflugzeuge konnten wegen der Tide und der rauen See meistens nicht auf der Nordsee landen, hier wollte man Abhilfe schaffen. Zwei Pumpstationen sollten dafür sorgen, dass der Wasserstand immer auf einem landestaugli-

Für die Seele

Die Weite des Rantumbeckens und die Heideblüte am Strand der Braderuper Heide: Hier können wir lange verweilen und finden einsame Plätzchen zum Durchatmen.

chen Niveau zu halten war. Die Fertigstellung erfolgte 1940, da wurde das Becken als „nicht mehr kriegswichtig" eingestuft, da bereits das dänische Festland besetzt wurde und es dort bessere Plätze für die Wasserflugzeuge gab.

Nach Kriegsende war der Plan, den Bereich auszutrocknen und einen typischen Koog mit landwirtschaftlichen Gehöften zu errichten. Ab Anfang der 1960er-Jahre wurde das Gebiet dann aufwändig renaturiert und ein **Seevogelreservat** errichtet. Im Laufe der Zeit entwickelten sich verschiedene Biotope, Wiesen, Sümpfe, Wasser- und Sandflächen. Heute ist es ein wichtiges Schutzgebiet.

Unsere Tour führt uns also gut 5 Kilometer über den Deich, einmal rund ums Rantumbecken. Der Weg ist aus Schotter. Zwischendrin gibt es immer mal die Möglichkeit, anzuhalten und auf einer Bank zu pausieren. Der Ausblick ist zu beiden Seiten absolut traumhaft und vor allem mittig sind meistens kaum noch Menschen unterwegs. Am Ende vom Deich nehmen wir die erste Ausfahrt rechts auf die Hafenstraße. Nach einigen Metern erscheint links die **Kaffeerösterei Sylt ❸**, wo wir die Möglichkeit haben, eine erste Pause einzulegen. Ansonsten folgen wir der Hafenstraße und biegen nach der Linkskurve rechts ab. Wir sind im Industriegebiet und fahren unter anderem am **Sansibar Outlet ❹** und der **Bonscherei ❺** vorbei bis zur Hauptstraße. Die müssen wir überqueren und fahren auf dem Radweg nach rechts. Wir dürfen uns nicht erschrecken. Die **Hörnumer Straße** ist die einzige

Im NABU-Haus lässt sich viel entdecken

Verbindungstraße von Westerland in den Süden nach Hörnum und dementsprechend voll. Und zwar sowohl mit Autos als auch mit Fahrrädern. Wir fahren am **Campingplatz Rantum** vorbei und nach etwa 1,6 Kilometern erscheint auf der linken Seite ein Parkplatz. Etwa auf halber Höhe geht auf der rechten Seite ein **kleiner Trampelpfad** in den Wald. Das ist unsere Verbindung zur Ruhe. Wir schieben die Räder über die Straße und nehmen den Pfad, der nach etwa 2 bis 3 Metern auf einen gut zu fahrenden Waldweg mündet. Hier schwingen wir uns wieder in den Sattel und fahren links. Sogleich haben wir das Gefühl, in einer anderen Welt zu sein, denn hier sind auch in der Hochsaison kaum Menschen anzutreffen. Und bei sehr heißem Wetter ist es schön kühl in dieser kleinen Waldanlage, die wir für gut 2 Kilometer durchqueren. Kurz nachdem wir den Waldkindergarten passiert haben, kommen wir an die Hauptstraße, wo wir links abbiegen. Auf der rechten Seite liegt die **Eidum Vogelkoje ❻**. Eine Vogelkoje diente früher dem Entenfang. Zahme Enten wurden als Lockvögel eingesetzt, um die Enten, die zwischen August und Dezember Rast auf den Süßwasserteichen machten, in Fangarme zu treiben. Dort wurden sie vom Kojenwärter entnommen, geschlachtet und als Ergänzung des eher dürftigen Sylter Speiseplans sehr hoch angesehen. Diese Vogelkoje ist eine von dreien auf Sylt.

Wir radeln wieder Richtung Hauptstraße und nehmen den Radweg auf der anderen Seite. Unsere Route führt nach rechts, an der **Lorens-de-Hahn-Straße** biegen wir links ab und nehmen dann die zweite Straße rechts. Der Fischerweg führt nach Westerland hinein und wir folgen ihm einige Kilometer. Am Altglascontainer am Südwäldchen folgen wir dem Weg links bis zur Käpt'n-Christiansen-Straße. Hier biegen wir kurz rechts ab und gleich wieder links vor der Katholischen **Kirche St. Christophorus ❼**. Sie ist eine von zehn katholischen Kirchen in Nordfriesland.

Wir folgen dem Straßenverlauf gut 1,5 Kilometer. Auf der zweiten Kreuzung queren wir die **Fußgängerzone** von Westerland und wir können uns überlegen, ob wir hier eine Pause einlegen und die Räder abstellen. Für den Besuch des Badestrandes in Westerland ist eine Tageskurabgabe nötig.

Westerland ist neben Hörnum im Süden der Insel der jüngste Ort auf Sylt und besaß von 1905 bis 2008 Stadtrecht. Nachdem eine starke Sturmflut 1436 den Ort Eidum komplett zerstört hatte, gründeten Überlebende nordöstlich der alten Siedlung ein neues Dorf. Der Name leitete sich wohl von der Flurbezeichnung ab, denn der neue Ort lag westlich ihrer ursprünglichen Heimat. Noch bis 1778 bestand Westerland aus 124 Häusern. Schon 1855 erhielt Westerland das Prädikat eines Seebades und konnte 98 Gäste beherbergen. Es galt bald als das fortschrittlichste Bad und das erste erbaute Hotel war 1858 die Dünenhalle, die später das Hotel Union wurde. Es überlebte bis 2002, dann wurde es abgerissen. Mit dem Bau des Hindenburgdammes war Westerland auf dem besten Weg, ein mondänes Seebad zu werden, bis 1934 Juden die Aufnahme und Beherbergung verweigert wurde, die bis dahin einen Großteil der Besucher ausmachten.

In den 1960er-Jahren folgte ein Bauboom, bei dem zahlreiche alte Häuser abgerissen und durch Appartementbauten ersetzt wurden. Das veränderte das Gesicht Westerlands. Heute ist es Hauptzentrum der Versorgung auf Sylt und verzeichnet gut 1 Million Übernachtungen im Jahr.

Wer möchte, kann einen Abstecher einlegen zum **Café tea an v – vegan auf Sylt** (8), das 2021 eröffnet wurde. Hier gibt es Süßes und Herzhaftes, mit Liebe zubereitet von Joy Kassner, die sich komplett auf ein veganes Angebot spezialisiert hat.

Wir fahren weiter bis zum Kreisel und nehmen die dritte Ausfahrt auf die Nordstraße. Parallel verläuft auf der rechten Straßenseite ein Radweg, auf dem wir

> ***Bye Bye Plastik Sylt** ist ein Verbund von Privatpersonen, Unternehmen und Kommunen, die gemeinsam gegen die Plastikflut angehen. Sobald ein Unternehmen die Kriterien umgesetzt hat, gibt es ein Zertifikat für das nachhaltige Engagement. Zertifiziert ist auch das Café tea an v – vegan auf Sylt. Ein blauer Aufkleber zeigt die Zugehörigkeit.*

Strand von Wenningstedt

besser unterwegs sind. In die Waldstraße biegen wir rechts ab und nach knapp 100 Metern fahren wir links in den Waldweg. Hier im **Friedrichshain** ist man schnell wieder abseits aller besuchten Syltpfade. Wir durchqueren das Wäldchen und halten uns auch am Ende noch etwas in Fahrtrichtung. Erst am Heideweg geht es rechts ab und auf der Nordstraße wieder rechts. Wir fahren an den Dünen vorbei und nehmen die erste Möglichkeit, um links abzubiegen. Es geht an wundervollen Reetdachhäusern vorbei, bis wir rechts auf die Straße **Seedüne** abbiegen. Nach der Rechtskurve geht es dann noch in die Dünenstraße und nach wenigen Metern haben wir den Parkplatz Horsatal von **Wenningstedt** erreicht. Hier ist Zeit für eine längere Pause. Es gibt eine kleine Promenade mit Strandkörben, wo wir auch im Sommer die Möglichkeit auf einen freien Platz haben. Die Atmosphäre von Wenningstedt ist gemütlich und es ist wundervoll, hier einen Blick über die Dünen auf das Meer zu werfen. Es gibt zahlreiche Möglichkeiten zur Einkehr, Fischbrötchen auf die Hand oder für Heiß- und Kaltgetränke. Hier stehen außerdem einige sogenannte **Alltagsmenschen ❾.**

*Die **Alltagsmenschen** sind lebensgroße Betonskulpturen von Christel und Laura Lechner. Man findet sie an zehn Standorten in Wenningstedt. Sie sind 80 bis 150 Kilogramm schwer und zeichnen sich durch ihre Lebendigkeit aus.*

Unsere Weiterfahrt wird in den nächsten Metern etwas kurvig. Wir verlassen den Parkplatz, fahren links und dann rechts. An der **Westerstraße** biegen wir wieder links ab und folgen an der nächsten Kreuzung rechts dem Mittelweg. Am Ende fahren wir links und radeln bis hinter den **Wenningstedter Dorfteich,** wo wir rechts abbiegen. Hier ist erneut ein schöner Platz, um eine Pause einzulegen. Neben öffentlichen Toiletten ist auf der gegenüberliegenden Straßenseite die Friesenkapelle. Hier steht auch wieder ein Alltagsmensch und wir finden hinter der Kirche das **Steinzeitgrab Denghoog ❿.** Das Hünengrab zählt zu den eindrucksvollsten und am besten erhaltenen Großsteingräbern Nordeuropas.

Wir fahren den Verlauf weiter, um dann rechts in den **Kampener Weg** einzubiegen. Am Ende radeln wir

Alltagsmensch an der Friesenkapelle in Wenningstedt

Strand von Braderup

links und fahren am Kreisel geradeaus. Es geht auf die Ostseite der Insel nach Braderup. Auf die Straße **Om de Huk** biegen wir nach gut 1,6 Kilometer links ab, dann gleich wieder links und dann rechts. Nach gut 100 Metern stellen wir unsere Fahrräder links auf dem Sandweg ab. Wir stehen an der **Braderuper Heide ⑪,** die vor allem zur Blüte im August zahlreiche Besucher anzieht. Vom Fahrradstellplatz aus haben wir einen wundervollen Ausblick über die Heide bis zur Nordsee und zum schwarz-weißen Leuchtturm „Langer Christian". Der Leuchtturm wurde 1853 in Auftrag gegeben und von 2004 bis 2006 aufwendig restauriert. Für die Öffentlichkeit ist er allerdings nicht zugänglich.

Die Braderuper Heide ist ein Naturschutzgebiet mit einer Größe von 137 Hektar, das durch die Rodung früherer Wälder entstand. Es wurde erst 1987 ausgewiesen und wird von der Naturschutzgemeinschaft Sylt betreut. Hier wächst Besenheide, Glockenheide und Krähenbeere. Im Gegensatz zu natürlichen atlantischen Heiden an der Westküste ist die Braderuper Heide eine von Menschenhand beeinflusste Kulturlandschaft. Verschiedene Wanderwege sind ausgeschildert. Für einen kleinen Spaziergang lohnt ein Gang Richtung Meer. Wir laufen den Weg hinunter und nehmen die erste Abzweigung rechts. Am Strand sehen wir rechts das **weiße Kliff** und selbst zur Hochsaison finden wir hier ein ruhiges Plätzchen, um den Blick über das Meer oder das Watt schweifen zu lassen. Bei Ebbe ist links das **Wrack Mariann** zu sehen, zu dem man dann auch problemlos laufen kann. Die Mariann war ein Dreimastschoner. Der Untergang war wenig romantisch. 1961 wurde die Mariann in den Munkmarscher Hafen geschleppt, weil zwei Sylter darauf ein Café eröffnen wollten. Die Genehmigung wurde ihnen verweigert, woraufhin sie das Schiff zwischen **Munkmarsch** und Wattenmeer parkten. Hier wollten sie ein schwimmendes Kabarett eröffnen. Für eine geplante Seebrücke zum Schiff verweigerten die Behörden aber die Genehmigung. Es gab keine Alternativen, das Schiff fungierte einige Jahre als inoffizielles Partyschiff, bis 1981 ein Feuer an Bord ausbrach. Bis heute sind die Ursachen nicht geklärt.

Knut der Große, Dänenkönig von 995 bis 1035, soll den ersten Bau einer Kirche in Auftrag gegeben und ihn mit Steinen sowie Geld unterstützt haben. Der Kirchturm der ***St.-Severin-Kirche*** *wurde erst später errichtet und ist das einzige backsteingotische Baudenkmal auf Sylt. Er wurde bis 1806 auch als Gefängnis genutzt.*

Unser Fußweg geht weiter und wir laufen bei der nächsten Möglichkeit wieder links zurück zu unseren Fahrrädern. Unsere Tour setzen wir dann fort, indem wir links fahren und dem gesamten Straßenverlauf der Üp di Hiir folgen. An der Hauptstraße geht es links und wenn wir den Berg heruntergerollt sind, erwartet uns links ein kleiner Hafen. Hier können wir die Räder erneut abstellen und einen Blick auf das Hafengelände werfen. Ganz vorne haben wir einen wundervollen Ausblick auf die Küste und das Festland.

Wir fahren zurück auf die Hauptstraße, radeln links und biegen auch auf der Munkmarscher Chaussee links ab Richtung Keitum. Vor der **Kirche St. Severin** ⓬ biegen wir in Alter Kirchenweg ein. Auf dem Friedhof ist Rudolf Augstein begraben, und Christian Lindner feierte hier im Sommer 2022 seine Hochzeit. Die Kirche steht auf dem höchsten Punkt des Sylter Geestkernes.

Altfriesisches Haus in Keitum

Wir fahren durch das mondäne **Keitum,** wo unter anderem Jürgen Klopp, Reinhard Mey oder Karl-Heinz Rummenigge ein Haus ihr Eigen nennen und können zahlreiche Reetdachhäuser bewundern, bis wir links in Am Kliff abbiegen. Nach einigen Metern haben wir noch die Möglichkeit, das **Altfriesische Haus** ⓭ oder das **Sylt Museum** ⓮ zu besuchen.

Am Ende der Straße fahren wir rechts und biegen am Gurtstig wieder rechts ab. Nach ein paar Metern fahren wir links in die Gaat, wo nach gut 400 Metern der Bahnhof von Keitum, unser Endpunkt, wartet.

Eingang zum Sylt Museum

Braderuper Heide/Sylt
Wenningstedter Weg
K 120
Terp Wai
K 118
Westerlandstraße
Osterweg
Wenningstedt
Braderup
Wattenmeer nördlich des Hindenburgdammes
Nord-wäldchen
Friedrichs-hain
L 24
Sylt
Munkmarsch
Bahnweg
Steinmannstraße
Westerland
Munkmarscher Chaussee
Trift
Keitumer Landstraße
Tinnum
K 118
Keitum
Süd-wäldchen
Lorens-de-Hahn-Straße
Waadens-Sil
K 117
Rantumbecken
Tjüls-Wial
Naturschutzgebiet Nordfriesisches Wattenmeer
Rantum
1
2
3
4
5
6
7
8
9
10
11
12
13
14

Alles auf einen Blick

Entspannung ✱✱✱✱✱
Genuss ✱✱✱✱✱
Romantik ✱✱✱✱✱

WIE & WANN:
Asphaltierte Wege. Für Anfänger sehr gut geeignet. Beste Zeit: April bis Oktober, vor allem zur Heideblüte im August.

HIN & WEG:
Auto: Parkplätze am Bahnhof Klanxbüll, Bahnhofstraße, 25924 Klanxbüll (GPS: 54.861888, 8.677424) oder Bahnhof Niebüll, Bahnhofstraße, 25899 Niebüll (GPS: 54.789494, 8.834121)
ÖPNV: Mit der Bahn (RE 6 Hamburg-Altona nach Westerland/Sylt) von Niebüll oder Klanxbüll bis Bahnhof Keitum/Sylt

ESSEN & ENTSPANNEN:
Kaffeerösterei Sylt ❸ Hafenstraße 9, 25980 Sylt, Tel. (0 46 51) 2 99 57 57, www.kaffeeroesterei-sylt.com **Bonscherei ❺** Hafenstraße 4, 25980 Sylt, Tel. (0 46 51) 2 99 09 09, www.sylter-bonscherei.de
Café tea and v – vegan auf Sylt ❽ Industrieweg 5, 25980 Sylt, Tel. (01 76) 55 09 38 33

ENTDECKEN & ERLEBEN:
Nationalparkstation Keitum ❶ Koogstraße, 25980 Sylt, Tel. (0 46 51) 88 10 93, www.schutzstation-wattenmeer.de **Rantumbecken ❷**
Sansibar Outlet ❹ Hafenstraße 6, 25980 Sylt, Tel. (0 46 51) 96 46 40, www.sansibar.de
Eidum Vogelkoje ❻ Süderinge 1, 25980 Sylt, www.hegering-sylt.de
Kirche St. Christophorus ❼
Alltagsmenschen ❾ www.christel-lechner.de/die-alltagsmenschen
Steinzeitgrab Denghoog ❿ Am Denghoog 1, 25996 Wenningstedt-Braderup, www.soelring-museen.de **Braderuper Heide ⓫** **Kirche St. Severin ⓬**
Altfriesisches Haus ⓭ Am Kliff 13, 25980 Sylt, Tel. (0 46 51) 3 11 01, www.soelring-museen.de
Sylt Museum ⓮ Am Kliff 19, 25980 Sylt, Tel. (0 46 51) 3 16 69, www.soelring-museen.de

- 23,3 Kilometer
- 20 Höhenmeter
- 2,5 Stunden
- Rundtour

Schafe am Deich

Die Kinderstube

Das Hinterland von Dagebüll

Dagebüll hat großes Glück, direkt auf der Mole eine Bahnstation zu besitzen. Hier kommen wir bequem mit dem Zug aus Niebüll an und befinden uns direkt am Wasser.

Dagebüll hat sich in den letzten Jahren zum beliebten Urlaubsort entwickelt und ist nicht mehr nur das Tor zu den Inseln Föhr und Amrum. Zahlreiche Ferienhäuser aus Holz nach dänischem Vorbild, ein großer Marktplatz, kleine Läden und die **bunten Badebuden** ❶ geben dem kleinen Urlaubsort heute das Gesicht. Letztere sind das Wahrzeichen von Dagebüll.

Im **Hafen-Bistro** ❷ können wir uns noch stärken. Es gibt dort auch Toiletten. Sollten wir Wegproviant benötigen, so empfiehlt sich ein kurzer Ausflug ins Dorfzentrum, wo es neben Imbissbuden, **Touristinformation** ❸ und kleinem Supermarkt auch Cafés und ein Geschäft mit Produkten von der Hallig Langeneß gibt.

Zum Start begeben wir uns einmal über den Fährparkplatz zur **Nordmole** ❹, wo wir unsere Rundtour starten. Die ersten gut 2 Kilometer radeln wir vor dem Deich entlang der Salzwiesen, die wir links von uns bewundern können.

Hinter dem Schafgatter nach der Linkskurve endet der Weg vor dem Deich und wir überqueren ihn. Ein Blick zurück lohnt auf jeden Fall, denn bei klarer Sicht können wir hier bis nach **Sylt** schauen. Und je nachdem, zu welcher Jahreszeit geradelt wird, wächst hinter dem Deich der Raps oder es sammeln sich Grau- oder Nonnengänse.

!

*Die Gemeinde **Dagebüll** hat von Anfang Mai bis Ende September am Deich drei Buden für Gäste platziert, die 1 bis 3 Tage gemietet werden können. Sie dienen als Aufenthaltsraum am Meer, dürfen aber nicht zum Übernachten genutzt werden. Es gibt keinen Wasser- oder Stromanschluss. Eine Reservierung erfolgt im Touristbüro.*

Wir fahren direkt auf die alte Muschelfabrik zu, die im Sommer 2022 mitten in der Nacht abgebrannt ist und durchqueren hier auch das Gatter in Richtung Hauptstraße.

Auf der Hauptstraße halten wir uns gut 400 Meter rechts, überqueren dann die Straße und biegen geradeaus in die **Dorfstraße** ein. Dieser folgen wir gut 1 Kilometer, bis auf der rechten Seite die **St.-Dionysius-Kirche** ❺ von Dagebüll erscheint. Wir befinden uns

Auf Hallig Hooge mit der Hanswarft im Hintergrund

Für die Seele

Wir radeln auf dem Meeresboden im Einklang mit Natur sowie Tierwelt und haben die Möglichkeit, uns an einsamen Plätzchen den Wind um die Nase wehen zu lassen.

nun im ursprünglichen Teil von Dagebüll, der bis 1700 eine unbedeichte Hallig war. Erst durch die Eindeichung des Kleiseerkoogs wurde das Dorf 1727 landfest. Die Kirche wurde 1731 eingeweiht und der Innenraum leuchtet in Blau, was möglicherweise das Meer symbolisieren soll, das die Kirche früher umgab.

Wir kehren zur Straße zurück, fahren rechts und folgen dann der engen Rechtskurve. Auf diesem Weg bleiben wir nun gut 5 Kilometer, radeln vorbei an Reetdachhäusern und Bauernhofen. Auf der **Broderswarft** gibt es links eine Bank, auf der man eine Pause einlegen kann, um die Landschaft auf sich wirken zu lassen. Wenn wir das Ortsschild von **Fahretoft** passieren, ist es nicht mehr weit, dann biegen wir rechts in die Hans-Momsen-Straße ein. Nach gut 300 Metern liegt rechts der Kirchweg, in den wir einbiegen. Gleich um die Ecke kommt geradeaus ein Parkplatz, an dem wir unsere Räder abstellen, denn hier können wir uns einiges anschauen.

Die **St.-Laurentius-Kirche** ❻ in Fahretoft steht auf der Gabrielswarft. Auch Fahretoft, heute zur Gemeinde Dagebüll gehörend, war eine nicht eingedeichte Hallig. Der erste amtliche Nachweis einer Kirche in Fahretoft stammt von 1462. Nachdem 1635 das ursprüngliche Gebäude einem Feuer zum Opfer fiel, stammt die heutige Kirche aus dem Jahr 1703. Die Kreisstadt Tondern schenkte der Gemeinde damals den spätgotischen Flügelaltar, weil die dortige Kirche einen Barockaltar erhielt. Umgeben wird das Gotteshaus vom Friedhof. Hier ist Hans Momsen beerdigt,

*Gegenüber der Kirche steht das **Hans-Momsen-Haus,** das von der gleichnamigen Stiftung betreut wird. Ein Café, in dem es leckeren, selbst gemachten Kuchen gibt und ein kleines Museum, wo u. a. ein original Pesel (friesischer Wohnraum) zu besichtigen ist, sind dort untergebracht. Das Hans-Momsen-Haus ist nur sonntags und an Feiertagen geöffnet.*

sein Grab liegt am Fuße des Glockenturms. Hier findet man auch das **Hans-Momsen-Haus** ⑦. Momsen war Landwirt, Mathematiker und Astronom und sein Charakter soll Theodor Storm als Vorlage für den Protagonisten und Deichgrafen der Novelle „Der Schimmelreiter“ Hauke Haien gedient haben. Eine von ihm konstruierte Sonnenuhr finden wir noch über der Eingangstür der Kirche.

Nach unserer Pause geht es wieder aufs Rad. Wir fahren an der Kirche vorbei, die rechter Hand liegt und biegen an der Straße einige Meter weiter links ab. Nach 100 Metern kommen wir wieder auf die **Hans-Momsen-Straße** und folgen ihr rechtsherum. Wir radeln gut 1,5 Kilometer, treffen dann auf die Straße **Hauke-Haien-Koog,** wo wir links abbiegen und nach gut 500 Metern rechts dem Radweg in die kleine Straße folgen.

Von hier aus ist nicht zu erahnen, dass sich nur wenige Meter neben uns der **Bongsieler Kanal** ⑧ durch die Landschaft schlängelt. Er dient zur Entwässerung des Hinterlandes, einer Landschaft, die dem Meer abgerungen wurde. Noch heute ist zu erkennen, dass wir die ganze Zeit schon auf dem Meeresboden radeln, denn auf den Feldern schimmern kleine weiße Muschelstückchen aus dem fruchtbaren Kleiboden.

Nach einer Rechtskurve befinden wir uns direkt am Deich des Kanals. Nach einigen Metern endet die Straße und wir stehen vor dem Schafgatter und einer kleinen Infotafel. Unsere Weiterfahrt findet nach dem Gatter statt. Da, wo auch **eine der schönsten Ruhebänke** der Region steht. Hier sollte unbedingt eine Pause eingelegt werden. Zu jeder Jahreszeit ist der Blick einzigartig und die Vogelwelt hier wundervoll.

Der Hauke-Haien-Koog 9 wurde 1958/59 eingedeicht. Allerdings nicht vorranging, um landwirtschaftliche Flächen auszuweisen, sondern um Süßwasserspeicherbecken zu schaffen. Damit konnte sichergestellt werden, dass bei Sturmflut und bei Schließung der Sielanlagen, die den Weg für das Wasser in die Nordsee freimachen, das Hinterland nicht vollläuft. Das Wasser wird im Hauke-Haien-Koog gesammelt, bis die Wetterlage es wieder erlaubt, und die Schleusen zur Nordsee geöffnet werden können. Der Hauke-Haien-Koog

Eine Wattwanderung ist ein großes Erlebnis

ist gut 1200 Hektar groß, 538 Hektar davon sind als EU-Vogelschutzgebiet ausgewiesen und werden vom Verein Jordsand betreut. Heute ist der Koog ein wichtiges Rast- und Mauergebiet vieler Vogelarten. Vor allem im Frühjahr und Herbst ist der Vogelzug in vollem Gange und ein absolutes Naturspektakel. Dann rasten Tausende Gänse, Seeschwalben, große Schwärme Alpenstrandläufer und diverse Singvögel an diesem Ort.

Hier können wir zu jeder Jahreszeit etwas entdecken. Wenn die Gänse ihre Sprösslinge großgezogen haben und ab Juni weiterfliegen, sind Löffler und Schwäne zu beobachten, aber auch Enten und verschiedene Reiher. Umhüllt werden wir vom Vogelgezwitscher, das hier durchgängig zu hören ist. Wir sollten unbedingt die Augen schließen und lauschen. Wie viele unterschiedliche Vogelstimmen hörst du?

Der **Nationalpark Wattenmeer** zieht Vögel auf ihrer langen Reise an. Einige von ihnen legen bis zu 4000

Kilometer zurück, um von ihrem Brutgebiet zu den Überwinterungsgebieten zu kommen. Da ist es wichtig, unterwegs eine Pause am gedeckten Tisch einzulegen. Gut 10 Millionen Wat- und Wasservögel kommen jedes Jahr zu Besuch ins Wattenmeer, wo die Nahrung reichlich ist und es viel Energie zum Weiterfliegen gibt. Es ist absolut ratsam, dass wir immer ein kleines Fernglas in der Tasche haben, um hier und da anzuhalten und Beobachtungen vorzunehmen. Naturschutzverbände bieten Führungen an und die Nationalparkverwaltung hat selbst Birdwatching-Guides ausgebildet und zertifiziert. Über den Monatswechsel September/Oktober findet jährlich der Westküsten-Vogelkiek statt, bei dem es in einer Woche unglaublich viele Veranstaltungen zum Thema Vogelzug gibt.

Vor den Badebuden von Dagebüll können wir gut ins Watt gehen

Am Hafen von Schlüttsiel

Der Weg führt weiter auf dem kurzen, unbefestigten Stück mitten durch das Herz des Hauke-Haien-Koog bis zum Anleger **Schlüttsiel ⑩,** der am Horizont schon zu sehen ist. Atemberaubend ist die Strecke inmitten des Naturparadieses.

Nach der Durchquerung halten wir uns nach dem Schafgatter links, nehmen im Kreisel die zweite Ausfahrt und fahren den Deich hinauf. Hier gibt es Kaffee und Kuchen im **Siel 59 ⑪,** wenn wir möchten.

Der Blick über die Halligen und das Weltnaturerbe Wattenmeer ist wundervoll. Auch hier lohnt ein längerer Aufenthalt.

Schlüttsiel ist ein kleiner Fährhafen, wo sowohl Ausflugsschiffe zu den Halligen als auch der Linienverkehr für die Versorgung ablegen. Freitags gibt es an der Nordmole meistens frische Krabben und der Picknickplatz ist immer noch ein Geheimtipp, man findet meistens einen freien Platz. Wenn wir viel Glück haben, entdecken wir im Hafenbecken „Schlütti" den Seehund, der dort gerne mal vorbeischaut.

Zehn **Halligen** liegen vor dem nordfriesischen Festland im Wattenmeer, nur sieben von ihnen sind bewohnt, wobei auf der Hallig Süderoog nur eine Familie lebt. Sie sind einzigartig auf der Welt und kleine, nicht geschützte Marschinseln. Die Besiedelung der Warften geht vermutlich auf die Wikingerzeit zurück.

Halligen werden bei Sturmfluten überschwemmt, was sich dann „Land unter" nennt und sie von anderen Inseln wie Sylt, Föhr oder Amrum unterscheidet. Nur Hallig Hooge verfügt über einen kleinen Sommerdeich. Die Häuser auf den Halligen stehen auf Warften, sogenannten künstlich aufgeschütteten Erdhügeln. So passiert es also, dass nur die Warften aus der stürmenden Nordsee ragen, wenn die umliegenden Salzwiesen überspült sind. Wegen der Vegetation war Landwirtschaft immer schon nur eingeschränkt möglich, sodass die Menschen früher auf den Halligen vom Walfang lebten. Die Frauen dagegen kümmerten sich um Haus und Hof.

*Das Hotel und Restaurant **Siel 59** wurde 2019 neu eröffnet. Das Ambiente ist modern, frisch und der Ausblick über die Nordsee einzigartig. Die frische Küche ist geprägt vom jungen Koch, der traditionelle Gerichte auf seine Art interpretiert.*

Die zehn Halligen liegen im Nationalpark Wattenmeer, sind selbst UNESCO-Biosphärenreservat. Das sind weltweit einzigarte Kulturlandschaften, die als Modellregion dienen. Die dort lebenden Menschen pflegen, nutzen und entwickeln ihren Lebensraum so, dass das Verhältnis zwischen dem Schutz der natürlichen Lebensgrundlagen und den Bedürfnissen der Menschen ausgewogen ist. Jetzt und in Zukunft.

Die gut 230 Menschen, die heute auf den Halligen insgesamt leben, beziehen ihren Erwerb größtenteils aus dem Tourismus, einige sind beim Landesbetrieb für Küstenschutz, Nationalpark und Meeresschutz angestellt. Die Halligen stellen auch einen wichtigen Anteil beim Küstenschutz, da sie als Wellenbrecher dienen.

Sobald wir Zeit haben, sollten wir eine Tour zu den Halligen machen und uns diesen Lebensraum anschauen.

__„Kultur auf den Halligen"__ ist eine Eventreihe, die es seit 2009 auf der Hallig Langeneß gibt. Es ist fast wie ein kleiner Kurzurlaub, wenn man mit dem Schiff von Schlüttsiel aus durchs Wattenmeer zur Hallig fährt, um dort in kleiner Runde einen unvergesslichen Abend zu erleben. Die Karten werden immer inklusive Anreise aus Schlüttsiel verkauft.

Unser Weg führt am Deich weiter und wir radeln direkt am Meer. Dem dritten Weg, der über den Deich führt, folgen wir und die nächsten 2 Kilometer fahren wir hinter dem Deich am **Osewoldter Koog** ⑫ entlang. Auch dieses Rückhaltebecken ist ein Naturparadies für Vögel und es ist unbedingt zu empfehlen, die einsame Bank auf halber Strecke zu nutzen und eine erneute Rast einzulegen. Manchmal, wenn die Gänseschwärme im Frühjahr und Herbst hochschrecken, dann können wir am Himmel den Seeadler erkennen, der hier auf Jagd geht.

Am Ende des Beckens überqueren wir den Deich und können am Horizont schon die Silhouette von Dagebüll erkennen. Am Lorendamm, der auf die Halligen Oland und Hallig Langeneß führt, halten wir uns rechts und fahren letztmalig über den Deich. Wir rollen auf den kleinen Leuchtturm von Dagebüll zu, wo sich rechts der **Lorenbahnhof** ⑬ befindet.

Die letzten Meter folgen wir der Straße bis an die Nordseestraße. Noch links abbiegen und wir haben unsere Rundtour geschafft.

Nordfriesische Landschaft

Dagebüll
Dagebüller Hauptsielzug
Nordseestraße
Dorfstraße
Oseswoldter Sielzug
L 9
Oseswoldter Koog
Broderswarft
Westerschinkeldeich
Hauptsielzug
Mitteldeich
Moordeich
L 6
L 191
Fahretoft
Bahnenswarft
Holländerdeich
Ostjakobswarft
Richardswarft
Tudenswarft
Hans-Momsen-Straße
Bott-
schlotter-
see
L 10
Süder-Waygaard
Neuer Bongsieler Kanal
Bongsieler Kanal
Hauke-Haien-
Koog
Speicher-
becken
Nord
Speicherbecken Süd
Nationalpark
Schleswig-Holsteinisches
Wattenmeer
Oland

Entspannung ✱✱✱✱✱
Genuss ✱✱✱✱✱
Romantik ✱✱✱✱✱

WIE & WANN:
Größtenteils asphaltierte Wirtschaftswege oder Radwege, abseits von großen Hauptstraßen. Leichte Radtour. Auch für Anfänger geeignet. Beste Zeit: März bis Oktober.

HIN & WEG:
Auto: Kostenpflichtiger Inselparkplatz, Fährhafenstraße 2, 25899 Dagebüll, Tel. (0 46 81) 8 02 33, www.inselparkplatz.de (GPS: 54.731934, 8.702276)
ÖPNV: Mit der NEG Bahn von Niebüll bis Bahnhof Dagebüll Mole

ESSEN & ENTSPANNEN:
Hafen-Bistro ❷ Fährhafenstraße 4, 25899 Dagebüll, Tel. (0 46 67) 95 10 37, www.uthlandehafen.de
Hans-Momsen-Haus ❼ Hans-Momsen-Gesellschaft, Gabrielswarft 5, 25899 Dagebüll, Tel. (0 46 63) 13 46
Siel 59 ⓫ Schlüttsiel 1, 25842 Ockholm, Tel. (0 46 74) 9 62 29 40, www.siel59.de

ENTDECKEN & ERLEBEN:
Badebuden ❶
Touristinformation ❸ Nordseestraße 1, 25899 Dagebüll, Tel. (0 46 67) 9 50 00, www.nordfrieslandtourismus.de
Nordmole ❹
St.-Dionysius-Kirche ❺ Kirchwarft 7, 25899 Dagebüll, Tel. (0 46 74) 3 15
St.-Laurentius-Kirche ❻ Kirchenweg, 25899 Dagebüll, Tel. (0 46 74) 3 15
Bongsieler Kanal ❽
Hauke-Haien-Koog ❾
Schlüttsiel ❿
Osewoldter Koog ⓬
Lorenbahnhof ⓭

- 42,1 Kilometer
- 40 Höhenmeter
- 6 Stunden
- Rundtour

Modell von Niebüll vor der Stadtbücherei

Deich und Natur

Von Niebüll ans Meer

Direkt am **Wasserturm ①** am Niebüller Bahnhof startet unsere Auszeittour. Niebüll wird gerne unterschätzt, dient die Stadt doch eher als Durchfahrtsort für Sylturlauber. Der Autozug auf die Insel startet hier und auch die vielen Tagesbesucher steigen in Niebüll gerne in die Bahn. Dabei ist die überschaubare Stadt einen Besuch wert. Der jetzige Wasserturm wurde 1908 in Betrieb genommen, sein Zweck war die Versorgung der Dampflokomotiven mit Wasser. 1925 wurde der Turmaufsatz mit Stahlbeton umgebaut, der vorherige mit Fachwerk musste weichen. Der Turm blieb bis 1972 in Funktion, dann gab es keine Verwendung mehr für ihn und es begann der langsame Verfall. Ein Abriss stand in der Diskussion, als ein ortsansässiger Tiefbauunternehmer sich für den Erhalt des Niebüller Wahrzeichens einsetzte. Im Sommer 2012 begann mit breiter Unterstützung von Sponsoren und der Kreishandwerkerschaft die Sanierung, die ein Ausbildungsprojekt für Lehrlinge wurde. 2015 war das Projekt beendet und der Wasserturm wurde feierlich eröffnet. 2017 wurde der Turm verkauft und ist heute als Ein-Zimmer-Appartement zu mieten.

Die nördlichste Fair-Trade-Town ist engagiert in Nachhaltigkeit und der samstägliche **Wochenmarkt** ist mehr als nur Treffpunkt für Einheimische. Er findet das ganze Jahr über statt und macht keine Winterpause. Sehenswert ist für Kunstinteressierte das **Richard-Haizmann-Museum ②**. Neben eigenen Werken des Malers sind auch wechselnde Ausstellungen zu

Richard-Haizmann-Skulptur

Der grüne Supermarkt ***Pack und Schnack*** *wurde 2021 eröffnet. Neben unverpackten Leckereien gibt es ein großes Angebot von regionalen Erzeugern: Getränke, Obst, Gemüse und Fleisch sowie Hygieneartikel (Seifen, Shampoos etc.). Außerdem ist hier ein gemütliches Café zu finden, in dem man sich sofort wohlfühlt.*

sehen. Einen Abstecher wert ist Niebülls grüner Supermarkt **Pack und Schnack** ③.

Nun geht es aber los. Wir haben knapp 3 Kilometer durch die Stadt vor uns, bevor wir auf verkehrsarmen Wegen durch die Natur radeln.

Wir starten nach rechts, vorsichtig auf den wenigen Metern Kopfsteinpflaster, überqueren die Schienen und halten uns an der Ampel links. Dem Straßenverlauf folgen wir bis zum Kreisverkehr, wo wir rechts abbiegen, um dann bei der ersten Möglichkeit links zu fahren. Die Hauptstraße bringt uns bis an den Rathausplatz.

Wir halten uns hier rechts, radeln am Ratskeller vorbei und biegen direkt nach dem Rathaus links ab. Nun haben wir bereits den hektischen Teil geschafft, ab jetzt wird es nur noch ruhiger.

Dem Wegverlauf folgen wir gut 400 Meter, biegen dann links ab und an der Ampel halten wir uns rechts.

Park an der Marktstraße

Für die Seele

Wir erkunden das Umland von Niebüll: Bademöglichkeiten in See und Meer, viel Natur und zahlreiche reetgedeckte Häuser beseelen unsere Auszeit.

Nach wenigen Metern erscheint vor uns das **Naturkundemuseum** ④. Davor biegen wir rechts ab.

Der Weg führt uns nur einige Meter auf der Deichstraße entlang. Wenn rechts das **Naturbad Wehle** ⑤ erscheint, biegen wir links in den **Koogsweg** ein. Die Weite des Koogs öffnet sich plötzlich und wir sind inmitten von Feldern unterwegs. Am Ende der Straße, hinter der alten Brücke, biegen wir links ab und gleich wieder rechts. Die Fahrt durch den Koog beruhigt und wir können uns auf der gut 4 Kilometer langen Geraden entspannt den Wind um die Nase wehen und den Blick über die Felder schweifen lassen. Dann biegen wir links ab und folgen kurz danach dem Radweg nach rechts Richtung **Neugalmsbüll.**

Kurz nach der Ortseinfahrt wird es an der **St.-Gallus-Kirche** ⑥ Zeit für eine erste Pause. Galmsbüll war früher eine Hallig und sowohl Leuchter als auch Abendmahlbesteck des Gotteshauses stammen noch aus ehemaligen Halligkirchen. Gebaut wurde die Kirche 1888 bis 1891, seit 1977 steht sie unter Denkmalschutz, da sie in vielen baulichen Bereichen einzigartig ist. Unter anderem sind die Innenwände mit Sgrafitto-Putz versehen und die Decken zeigen sehr fein ausgearbeitete Ornamentmalereien.

Wir verlassen das Areal durch den Rundbogen, überqueren die Straße und folgen geradeaus der **Marienkooger Straße** bis zum Deich gut 700 Meter. Hier biegen wir rechts ab auf den **Marienkoogsdeich,** und vor der ersten Windmühle wieder links. Am Ende wartet erneut eine lange Koogstraße, der wir aber nur kurz

*Das **Naturkundemuseum** in Niebüll ist nicht nur für kleine Besucher ein Highlight. Auch große Besucher erfahren viel über die Landschaft und Natur in Nordfriesland.*

rechts folgen, um dann gleich wieder links abzubiegen. Am Ende stehen wir vor einem Schafgatter und an der ersten Deichlinie. Wir biegen rechts ab und fahren je nach Wind vor oder hinter dem Deich. Hier werden uns kaum Menschen begegnen und wir sollten es nutzen, um vom Rad zu steigen und uns eine Zeit lang an den Deich zu setzen und den Blick schweifen lassen. Die **Salzwiesen** liegen vor uns und bei guter Sicht können wir hier Föhr, Sylt sowie einige Halligen sehen. Dieser einzigartige Lebensraum fordert den Pflanzen viel ab, denn regelmäßig wird dieser Bereich mit Salzwasser überflutet. Die Salzwiesen entstehen, weil jede Flut kleine Schwebeteilchen ins ufernahe Watt spült. Wenn die Strömung der Nordsee kurz während der Hochwasserphase ruht, sinken die Teilchen und es entsteht eine Schlickschicht, die jährlich ungefähr 1 Zentimeter anwächst. Der Queller ist dann meistens die erste Pflanze, die sich ansiedelt, sie benötigt das Salzwasser zum Überleben. Nach und nach wird das Land höher und mehr Pflanzen können wachsen. An der schleswig-holsteinischen Nordseeküste gibt es über 13.000 Hektar Salzwiesen, die insbesondere für gut 50 Vogelarten den Lebensraum darstellen. Für Küstenvögel wie Austernfischer oder Rotschenkel sind die Salzwiesen das beste Brutgebiet. Über 100.000 Brutpaare werden jährlich im Nationalpark gezählt. Daneben leben fast 2000 weitere Tierarten, wie Insekten, Krebse oder Spinnen, in den Salzwiesen.

Nach einer kurzen Auszeit am Deich fahren wir weiter bis zur **Badestelle Südwesthörn ❼.** Der grüne Badestrand am Deich und die kostenlosen Strandkörbe laden praktisch ein, uns noch mal niederzulassen. Und wenn die Flut da ist, können wir hier an der Badeplattform einen Hüpfer in die Nordsee machen.

Wenn wir Hunger verspüren, haben wir im **Gasthof Südwesthörn ❽** eine großartige Auswahl an Speisen. Neben Fisch und Fleisch gibt es auch einige schwäbische Leckereien.

An der Badestelle Südwesthörn können wir bei Flut wunderbar baden

Am Gotteskoogsee

Wenige Kilometer weiter wartet mit dem **Deichtraum** ⑨ allerdings noch ein Café, in dem es wundervolle Waffeln, Eis und Kuchen gibt. Die Entscheidung ist nicht gerade einfach. Vielleicht doch erst deftig, dann eine Badepause und dann was Süßes zum Nachtisch?

Wenn wir uns wieder aufs Rad schwingen, fahren wir in dieselbe Richtung zurück, aus der wir gekommen sind. Dieses Mal bleiben wir allerdings auf der Landseite. Diesem Weg folgen wir, vorbei am Haus Hemenswarft bis zum Café Deichtraum, das nach nur 3 Kilometern auf der rechten Seite liegt. Wenn wir hier keine Pause machen, dann folgen wir der Linkskurve und biegen dann rechts auf den **Süderdeich** ab.

Diesem Verlauf folgen wir gut 8 Kilometer, überqueren den Mitteldeich und passieren viele wundervolle Reetdachhäuser auf dem **Gotteskoogdeich** bis zum Weg **Am Rollwagenzug,** der auf der linken Seite zu uns stößt. Nach wenigen Metern gibt es auf der rechten Seite die Möglichkeit für eine Pause, ein kleiner Picknicktisch ist vorhanden.

Wir folgen dem Weg aber noch eine Weile, überqueren die Hauptstraße und fahren weiter geradeaus, bis die Straße eine scharfe Rechtskurve macht. Geradeaus geht es zur **Hallig Grönland,** die, wie der Name schon sagt, früher mal eine Hallig war. Das Gelände ist aber Privatbesitz und sollte nicht betreten werden.

Wir folgen also dem Weg rechts bis zur Hauptstraße. Hier biegen wir links ab und folgen für gut 800 Meter dem Verlauf. Dann erscheint links eine kleine Einfahrt, der Weg **(Broder-Paysens-Weg)** ist nicht befestigt. Es geht zum **Gotteskoogsee** ⑩**.** Hier fahren wir ab und radeln bis zum Ende, wo wir die Räder abstellen können.

Das Gebiet rund um den Gotteskoogsee ist ein Süßwasserbiotop, das 1982 durch Renaturierungsmaßnahmen geschaffen wurde. Vor einigen Jahrhunderten war diese Gegend eine Halligwelt. Nach der

Eindeichung entstand durch Niederschlagswasser eine Seenlandschaft wegen der tiefen Lage mit bis zu –2 Meter NN. Mittlerweile beträgt die Gesamtfläche des Gotteskoogsees 275 Hektar und er ist Heimat für viele Pflanzen und Tiere. So finden sich unter anderem die Rohrweihe, Rohrdommel, Blaukehlchen und die Bartmeise im Gebiet. Seit 2004 brütet auch der Seeadler regelmäßig am Gotteskoogsee. Das Gebiet ist ein gutes Beispiel dafür, wie man effizienten Naturschutz und die Bedürfnisse des Menschen in Einklang bringen kann.

Badestellen gibt es hier nicht und auch andere Wassersportarten sind verboten. Dafür findet man viel Natur und viel Ruhe. Die Schönheit des Gotteskooggebietes wird erst bei einer kleinen Wanderung

Am Gotteskoogsee die Fahrräder abstellen und einen kleinen Spaziergang machen

sichtbar. Auf dem Infoschild, wo wir unsere Fahrräder abstellen können, sind zur Orientierung die Wanderwege eingezeichnet. Vor allem die 2,5 Kilometer lange Brückentour ist zu empfehlen.

Geradeaus ist ein Hügel, auf dem eine Bank steht und von wo aus man einen wundervollen Weitblick hat. Wasser sieht man allerdings im Sommer nicht viel, da es hinter Schilf versteckt liegt. Hier wird im Januar das Schilf geerntet und von Reetdachdeckern in der Region verwendet.

Unsere Radtour führt uns nun weiter. Wir fahren den Schotterweg zurück, überqueren die Hauptstraße und radeln auf dem unbefestigten Weg auf der anderen Seite. Nach gut 300 Metern folgen wir dem asphaltierten Weg rechts, bis zum Dorf **Holm.** Ein wundervoller Ort mit vielen sehr alten Reetdachhäusern.

Wir biegen rechts ab und radeln bis nach Bosbüll. In der Linkskurve biegen wir rechts in die Dorfstraße und dann gleich wieder links auf den Süderweg. In der Ferne können wir schon den kleinen Fernsehturm von Niebüll entdecken. Wir radeln mitten durch Solarfelder und an Windrädern vorbei. An der Kreuzung vom **Schanzweg** biegen wir rechts ab bis kurz vor die Bahngleise. Hier ist links ein Radweg, der bis zum Bahnhof nach Niebüll führt, er ist nur für einen kürzeren Abschnitt unbefestigt und lässt sich wunderbar abseits vom Verkehr fahren.

Außerdem passieren wir so auch noch die **alten Obstbäume ⑪,** die links am Ende des unbefestigten Teils auftauchen. Erklärungs- und Namensschilder der Sorten sind zu sehen.

Das **Hotel Landhafen ⑫** bietet sich am Ende für eine Einkehr an.

Am Bahnhof von **Niebüll** endet unsere Rundtour. Für uns bleibt die Erkenntnis, wie schnell man draußen ist, abseits von Lärm und Hektik und welche wundervollen Naturschönheiten auch das Umland zum Entdecken bereithält.

Das Naturkundemuseum Niebüll bietet regelmäßig Führungen im ***Gotteskooggebiet*** *an. Die natur- und landschaftskundlichen Touren dauern 2,5 Stunden und vermitteln zahlreiche Infos über die heimische Vogelwelt. Mit viel Glück können auch die Seeadler beobachtet werden.*

Das ***Hotel Landhafen*** *in Deezbüll ist ein modernes nordfriesisches Hotel mit Bar und guter Stube. Es hat einen großen Garten mit vielen Sitzplätzen. An kalten Tagen kann man gemütlich am Kamin Platz nehmen. Es gibt eine kleine, aber feine Speisekarte und ein tolles Frühstücksbüfett.*

Uphusum
Holm
Bosbüll
Bundesgaarder See
Gotteskoogsee
Gotteskoogweg
Aventofter Straße
Westerstraße
Schanzweg
Südlicher Rollwagenzug
Danklefsgraben
Gräslandzug
Langstoft
Klanxbüller Straße
Hoddebülldeich
Neuer Sielzug
Emmelsbüll-Horsbüll
L 6
Alter Sielzug
Kleinkoogsdeich
Süderdeich
Gotteskoogdeich
Niebüll
Koogsweg
Deichstraße
Mühlendeichsielzug
Mitteldeich
Neugalmsbüll
Galmsbüll
Klockries
Risum-Lindholm
5
Nationalpark Schleswig-Holsteinisches Wattenmeer
1
2
3
4
5
6
7
8
9
10
11
12

Alles auf einen Blick

Entspannung ✱✱✱✱✱

Genuss ✱✱✱✱✱

Romantik ✱✱✱✱✱

WIE & WANN:

Größtenteils asphaltierte Wirtschaftswege oder Radwege, abseits von großen Hauptstraßen. Leichte Radtour. Auch für Anfänger geeignet. Beste Zeit: Jede Jahreszeit hat ihren Reiz.

HIN & WEG:

Auto: Gebührenpflichtiges Parkhaus am Bahnhof, Bahnhofstraße 10–18, 25899 Niebüll, www.syltparker.de (GPS: 54.788863, 8.833677)
ÖPNV: Mit der Bahn (alle Züge nach Westerland/Sylt) bis Bahnhof Niebüll

ESSEN & ENTSPANNEN:

Pack & Schnack ❸ Hauptstraße 45, 25899 Niebüll, Tel. (01 77) 6 45 36 89, www.packundschnack.de
Gasthof Südwesthörn ❽ Südwesthörner Straße 9, 25924 Emmelsbüll-Horsbüll, Tel. (0 46 65) 98 36 88, www.gasthof-suedwesthoern.de
Café Deichtraum ❾ Marienkoogsdeich 1, 25899 Galmsbüll, Tel. (0 46 65) 2 59 99 72, www.cafedeichtraum.de
Hotel Landhafen ⓬ Deezbüller Straße 70, 25899 Niebüll, Tel. (0 46 61) 7 08 92 70, www.landhafen.com

ENTDECKEN & ERLEBEN:

Wasserturm ❶ Gotteskoogstraße 2, 25899 Niebüll
Richard-Haizmann-Museum ❷ Rathausplatz 2, 25899 Niebüll, Tel. (0 46 61) 10 10, www.haizmann-museum.de
Naturkundemuseum Niebüll ❹ Hauptstraße 108, 25899 Niebüll, Tel. (0 46 61) 56 91, www.nkm-niebuell.de
Naturbad Wehle ❺ Mühlenstraße, 25899 Niebüll
St.-Gallus-Kirche ❻ Mitteldeich 23, 25899 Galmsbüll
Badestelle Südwesthörn ❼ Südwesthörner Straße, 25924 Emmelsbüll-Horsbüll
Gotteskoogsee ❿ Broder-Paysens-Weg, 25923 Uphusum
Alte Obstbäume ⓫

Salzwiesen
32 Kilometer
20 Höhenmeter
3 Stunden
Rundtour

Der Anfahrtsweg zur **Badestelle Lüttmoorsiel** mitten durch das Vogelschutzgebiet Beltringharder Koog ist ein Highlight. Leider lässt sich der Startort nur mit dem Rad oder Auto erreichen, die nächste Bushaltestelle ist knapp 1 Kilometer entfernt.

Der **Beltringharder Koog** ❶ entstand 1987, als die Nordstrander Bucht mit einem Deich geschlossen wurde und die ehemalige Insel Nordstrand damit faktisch ans Festland gebunden wurde.

Das Gebiet ist 3350 Hektar groß und wurde Ende 1991 zum größten Naturschutzgebiet Schleswig-Holsteins erklärt. Es ist in eine Salzwasserlagune, Feuchtgrünland, Speicherbecken sowie Schilf- und Weidedickichten gegliedert. Neben mehreren Vogelbe-

Natur pur

Raus auf die Hamburger Hallig

obachtungshütten, an denen wir während der Radtour vorbeikommen, gibt es auch öffentliche Veranstaltungen verschiedener Naturschutzverbände vor Ort. Direkt am Parkplatz kann man das 2022 neu eröffnete **Naturschutzhaus der Schutzstation Wattenmeer** ❷ besuchen, das von Freiwilligen betreut wird.

Der Nationalpark des schleswig-holsteinischen Wattenmeeres wurde 1985 nach dem Bayerischen Wald und Berchtesgaden zum dritten Nationalpark Deutschlands ernannt. Mit 4400 Quadratkilometern ist er der größte Nationalpark auf dem europäischen Festland. Das Gebiet ist in Schutzzonen aufgeteilt: Schutzzone 1 ist größtenteils der Natur überlassen, Schutzzone 2 darf teilweise genutzt werden. Nur das

NABU-Haus auf halber Strecke
zur Hamburger Hallig

125 Quadratkilometer große „nutzungsfreie Gebiet" zwischen den Inseln Sylt und Föhr soll komplett unberührt bleiben. Westlich von Sylt und Amrum wurde ein Schweinswalschutzgebiet eingerichtet, das zur Schutzzone 2 gehört.

In Nationalparks lautet das Ziel: „Natur soll Natur sein können". Nationalparks erhalten die biologische Vielfalt und schützen alle Lebewesen, ohne einzelne Arten zu fördern. Der Mensch wird aus den Nationalparks nicht ausgesperrt, im Gegenteil: Überall dort, wo keine Pflanzen oder Tiere gestört werden, kann und soll er die Natur erleben. Er kann dort etwas über das Naturreich lernen, zu ihm und zu sich selbst finden und seiner Seele frische Luft schenken.

Für die Seele

Der Duft des Meeres und die Salzwiesen kitzeln unsere Sinne auf dieser wundervollen Tour, während der wir uns Himmel und Meer ganz nah fühlen.

Außerdem wurden das deutsche und niederländische Wattenmeer 2009 von der UNESCO in die Liste des Welterbes aufgenommen. 2014 kam noch das dänische Wattenmeer hinzu. Beim **Weltnaturerbe Wattenmeer** handelt es sich um einen Bereich von rund 11.500 Quadratkilometern entlang der Küste mit einer Länge von etwa 500 Kilometern. Im deutschen und dänischen Wattenmeer hat man unterschiedliche Nationalparks ausgewiesen, in den Niederlanden staatliche Naturdenkmale. Das Wattenmeer wurde mit allen drei angemeldeten Kriterien in die Liste des Welterbes aufgenommen. Damit ist bestätigt: Unser Wattenmeer besitzt sowohl hinsichtlich der geologischen und ökologischen Prozesse als auch hinsicht-

Kirchwarft auf Hallig Hooge

lich des Erhalts der biologischen Vielfalt eine weltweit überragende Bedeutung.

Geologisch betrachtet ist die Landschaft sehr jung, erst 10.000 Jahre alt, und sie befindet sich im permanenten Wandel von Wind und Gezeiten. Das Wattenmeer zeigt auf einmalige Weise, wie sich Pflanzen und Tiere an die ständig wechselnde Landschaft anpassen, und es bietet ein Zuhause für zahlreiche Tier- und Pflanzenarten, die andernorts selten geworden sind. Rund 10.000 Arten von einzelligen Organismen und Pilzen bis hin zu höheren Pflanzen und Tieren leben hier. Am spektakulärsten ist der Vogelzug im Frühjahr und Herbst mit bis zu 12 Millionen Vögeln, die eine Rast im Wattenmeer einlegen.

Nun geht es aber endlich los. Den beliebten Imbiss **Fisk ahoi** ③ können wir bei der Rückkehr noch besuchen. Neben leckerem und reichhaltigem Frühstück (unbedingt reservieren!) gibt es viele verschiedene Fischbrötchen, Friesenbowls oder selbst gebackene Kuchen.

Unser Weg führt uns auf die Straße, auf der wir gerade angekommen sind. Per Rad lässt sich noch viel mehr entdecken und die Fülle an verschiedenen Vogelarten ist unglaublich. Gut 1 Kilometer führt uns der Weg durch diese einzigarte Landschaft, dann kommen wir auf die Hauptstraße **Cecilienkoog,** deren Verlauf wir knapp 1 Kilometer folgen. Anschließend biegen wir links in den Mittelweg ab. Hier geht's auf einer typischen Koogstraße 4 Kilometer geradeaus, bevor die Straße nach links weiterführt. Wir radeln mitten durch die Gemeinde **Reußenköge** und vorbei an unzähligen Windrädern. Die Windenergienutzung geht hier bis in das Jahr 1983 zurück, als erstmals ein Landwirt in eine Windkraftanlage investierte. Der Windpark in den Reußenkögen ist ein **Bürgerwindpark** ④ (wie viele andere in Nordfriesland ebenso), was bedeutet, dass der vor Ort lebenden Bevölkerung eine Beteiligung an dem Projekt angeboten wird. Es war das

*Nach dem Deichbau musste im **Sönke-Nissen-Koog** preiswert gebaut werden, wofür man den Kieler Architekten Heinrich Stav engagierte. So entstanden weiße Höfe mit grünen Dächern, von denen heute 28 Stück unter Denkmalschutz stehen.*

erste Projekt dieser Art und hat mittlerweile viele Nachahmer gefunden. Die Gesamtgewinnung der Anlagen liegt bei knapp 250 Megawatt.

Nachdem wir der engen Linkskurve gefolgt sind, geht es schnurstracks bis an den Deich. Wir überqueren den **Sönke-Nissen-Koog** ❺ und biegen in den **Sattlerweg** ein. Am Deich biegen wir rechts ab und bleiben auf dieser Seite.

So radeln wir nach gut 2 Kilometern direkt auf das **Amsinck-Haus** ❻ zu. Hier gibt es öffentliche Toiletten und im Informationsgebäude eine erlebnisreiche Ausstellung für Jung und Alt, wo viel zur Geschichte, Natur und Kultur des mittleren Nordfrieslands erklärt wird.

Nun erklimmen wir den Deich. Zeit sollten wir uns nehmen, wenn wir über die Kuppe fahren, denn der **Weitblick zur Hamburger Hallig** über die Salzwiesen ist einzigartig. Hier erscheint der Himmel noch weiter als anderswo und das weiße Reetdachhaus des Hallig Krogs unerreichbar. Die Bänke auf dem Deich erfreuen sich großer Beliebtheit, wir können glücklich sein, einen Platz zu ergattern und innezuhalten.

Die **Hamburger Hallig** ❼ ist die einzige Hallig, die wir mit dem Rad oder Auto erreichen können. Allerdings sollte man das Rad jederzeit vorziehen, denn hier sind Schafe zu Hause und der Weg führt mitten durchs Weltnaturerbe.

__Schafe__ und __Lämmer__ gehören in Nordfriesland schon seit 100 Jahren zum Leben dazu und sind mehr als nur ein Fotomotiv. Sie halten das Gras sehr kurz, verdichten mit ihren Hufen die Deiche und tragen so aktiv zum Küstenschutz bei. Außerdem sind sie ein wichtiger Wirtschaftsfaktor der Region.

Die Hamburger Hallig hat ihren Namen von zwei Hamburger Kaufleuten erhalten: den Gebrüdern Amsinck. Ihnen gehörte ein Teil der vormaligen Insel Strand, die sie eindeichten. Die große Burchardiflut zerstörte die Insel 1634 und übrig blieb nur die Warft mit dem „Hamburger Haus". 1866 bis 1875 wurde ein Damm als Verbindung zum Festland gebaut, der seit 1901 befahrbar ist. 1970 wurde die Zufahrt mit den jetzigen Betonplatten ausgebaut.

Heute ist die Hamburger Hallig ein beliebtes Ausflugsziel. Bis zur Hauptwarft sind es fast 4 Kilometer.

Nonnengänse

Und eine Strecke davon radeln wir mit Sicherheit gegen den Wind. Dafür werden wir mit einer einzigartigen Atmosphäre belohnt, die man nur hier sehen und spüren kann.

Auf halber Strecke steht auf dem **Schafsberg** das NABU-Haus. Der Naturschutzbund betreut das 550 Hektar große Gebiet bereits seit 1932. Auf der Hauptwarft am Ende der Straße ist dann auch noch die **Wattwerkstatt** der Nationalparkverwaltung untergebracht.

In den Sommermonaten hat die Nationalparkverwaltung einen **Salzwiesenlehrpfad** 8 am NABU-Haus installiert, der absolut sehenswert ist. Dafür müssen wir allerdings unsere Räder abstellen. Die Salzwiesenlandschaft konnte sich hier voll entfalten und dient heute als Brut- und Rastgebiet für zahlreiche Vögel wie Austernfischer, Rotschenkel, Säbelschnäbler und viele mehr. Im Frühjahr und Herbst ist dann noch der

Strandfliederblüte auf Hallig Hooge

Lorendamm in Lüttmoorsiel

Vogelzug in vollem Gange und es rasten bis zu 30.000 Weißwangengänse hier.

Die Salzwiesen bilden den Übergang zwischen Meer und Land und erfüllen wichtige Funktionen. So mindern sie bei Sturmfluten die Kraft der Wellen und es entsteht dann dort durch Ablagerungen eine immer dicker werdende Schlickschicht.

Die Pflanzen der Salzwiese sind wahre Überlebenskünstler, denn sie müssen mit regelmäßigen Überflutungen und Salzwasser zurechtkommen. Der Queller, auch Meeresspargel genannt, ist sicherlich eine der bekanntesten Salzwiesenpflanzen.

Wenn wir nach gut 4 Kilometern auf der Hauptwarft angekommen sind, können wir die Räder abstellen und uns im **Hallig Krog** 9 etwas zu essen gönnen. Vor allem die Lammfrikadellen und die anderen Salzwiesenlammspezialitäten sind sehr beliebt. Erik Brack, der Pächter des Restaurants, war früher einige Jahre auf der MS Deutschland als Chefkoch in allen Meeren unterwegs, bevor er sich an diesem Ort beruflich niederließ.

Oder wir gehen eine Runde schwimmen, wenn die Nordsee wegen der Tide gerade da sein sollte, eine schöne **Badestelle** 10 befindet sich nämlich vorne auf der Warft.

Es gibt aber auch so viele herrliche Ecken, an denen wir einfach unser Picknick genießen und den Blick über das Meer wandern lassen können.

Langsam treten wir den Rückweg an. Wir fahren den Halligweg wieder retour und biegen vor dem Deich rechts ab. Nach gut 1 Kilometer radeln wir an einem **kleinen Hafen** vorbei, an dem wirklich nur sehr wenige Boote Platz finden. Hier lässt sich ein Sonnenuntergang schön beobachten, ohne dass viele weitere Menschen anwesend sind.

3,5 Kilometer trennen uns nun noch von unserem Startort in **Lüttmoorsiel.** Bei der nächsten Möglichkeit, über den Deich zu radeln, tun wir das auch und rollen so direkt auf unseren Parkplatz zu.

*Zertifizierte Wattführer bieten entlang der Nordseeküste **Wattwanderungen** an. Ein Spaziergang auf dem Meeresboden ist ein Muss. Das Watt ist eine faszinierende Welt – es live zu erleben, gibt den Blick frei für einen endlosen Horizont. Ausgebildete Wattführer findet man direkt beim Nationalpark Wattenmeer oder bei den örtlichen Touristinformationen.*

Bredstedt
Breklum
Bredstedter Koog
L 11
5
Sönke-Nissen-Koog
Bordelumer Priel
Mittelweg
Rhynschlot
Sattlerweg
Reußenköge
Auslaufkanal zur Arlau
Sophien-Magdalenen-Koog
Ostersielzug
Westersielzug
L 278
Beltringharder Koogsee
Cecilienkoog
Desmerciereskoog
Arlau
Beltringharder Koog
Lüttmoorsiel
Lüttmoorsee
Nordkoog
Sandhörn
Hamburger Hallig
Nationalpark Schleswig-Holsteinisches Wattenmeer
Butterloch
Moorsteert
1
2
3
4
6
7
8
9
10

Alles auf einen Blick

WIE & WANN:

Asphaltierte Wirtschaftswege. Für Anfänger geeignet. Beste Zeit: Mai bis September, vor allem im Juli/August zur Strandfliederblüte.

HIN & WEG:

Auto: Parkplatz an der Badestelle Lüttmoorsiel, 25821 Reußenköge (GPS: 54.561205, 8.872423)

ÖPNV: Mit der Bahn (RE 6 Hamburg-Altona nach Westerland/Sylt) bis Bahnhof Bredstedt, dann Bus 1028 von Bahnhof Bredstedt bis Reußenköge/Cecilienkoog

ESSEN & ENTSPANNEN:

Fisk ahoi ❸ Beltringharder Koog 3, 25821 Reußenköge

Hallig Krog ❾ Hamburger Hallig, 25821 Reußenköge, Tel. (0 46 71) 94 27 88, www.hallig-krog.de

Entspannung *****

Genuss *****

Romantik *****

ENTDECKEN & ERLEBEN:

Beltringharder Koog ❶

Naturschutzhaus der Schutzstation Wattenmeer ❷ Beltringharder Koog 4, 25821 Reußenköge, Tel. (0 46 71) 4 04 73 30, www.schutzstation-wattenmeer.de

Bürgerwindpark ❹

Sönke-Nissen-Koog ❺

Amsinck-Haus ❻ Sönke-Nissen-Koog 36a, 25821 Reußenköge, Tel. (0 46 71) 92 71 54, www.amsinck-haus.de

Hamburger Hallig ❼

Salzwiesenlehrpfad ❽

Badestelle ❿

- 30,1 Kilometer
- 110 Höhenmeter
- 3 Stunden
- Rundtour

Liebliche Landschaft im Treenetal

Unsere Panoramatour in Friedrichstadt startet am Bahnhof, wo es auch einen kostenlosen Parkplatz gibt. Friedrichstadt ist eines der beliebtesten Ausflugsziele der Region und wird auch Klein-Amsterdam genannt.

Grachten und niederländische Backsteinrenaissance prägen bis heute das Stadtbild, und die Treppengiebel an den Häusern stammen noch aus der Gründerzeit. **Friedrichstadt** ❶ ist ein hochrangiges Kulturdenkmal und eine Stadtführung oder Grachtenfahrt ist unbedingt zu empfehlen.

Und wenn wir genügend Zeit haben, dann gehen wir noch ins Museum Alte Münze am Mittelburgwall. Hier gibt es eine spannende Ausstellung über

__Herzog Friedrich III.__ gründete 1621 Friedrichstadt. Er wollte eine Handelsmetropole errichten und holte sich niederländische Bürger zur Unterstützung, vor allem Remonstranten, denen er Religionsfreiheit gewährte. Infolgedessen siedelten sich weitere Menschen anderer Glaubensgemeinschaften an, sodass der Ort als „Stadt der Toleranz" galt.

Wald und Moor

Rund um Friedrichstadt

die Stadtgeschichte, Religionsvielfalt und das Alltagsleben. Das Renaissancegebäude, in dem das Museum untergebracht ist, ist aufwändig verziert und gilt als eines der schönsten in Norddeutschland.

Wir legen die ersten Meter Richtung Hauptstraße zurück, fahren rechts über die Schienen und biegen dann gleich wieder rechts in den **Treenedeich** ab, dessen Verlauf wir durch das Wohngebiet gut 1 Kilometer folgen. An der T-Kreuzung fahren wir rechts in die **Herrenhallig.** Nur noch wenige Meter und wir haben das Gewusel der Stadt hinter uns gelassen. Die Straße ist kurvig und an einigen Teilen auch schön schattig. Dazwischen wird immer wieder der Blick frei über die Felder und das Geestland.

Auf dem __Krimi-Trail__ durch Friedrichstadt wird ein Kriminalfall gelöst. Es handelt sich um eine Kombination aus Sightseeing, Schatzsuche und Escape Room. Näheres erfährt man in der Touristinformation. Dort kann man auch eine Tour auf dem Trail buchen.

Naturbadestelle Koldenbüttel

Nach gut 3,5 Kilometern macht die Straße eine scharfe Rechtskurve. Danach ist es nur noch ein guter Kilometer, bis ein Weg links abgeht, dem wir folgen.

Würden wir hier noch 200 Meter geradeaus auf der Hauptstraße fahren, dann erreichen wir die **Naturbadestelle Koldenbüttel ②.** Hier gibt es auf der rechten Seite einen Parkplatz, an dem wir die Räder abstellen und einen Sprung ins kühle Nass wagen können. Die Stelle eignet sich auch super, um mit dem SUP einzusteigen.

Bei der Baumreihe fahren wir rechts über die kleine Brücke und radeln durch das Waldstück. Am Ende überqueren wir wieder einen Siel und folgen dem Straßenverlauf des **Westerkoog.** Gut 5 Kilometer können

Für die Seele

Das liebliche Treenetal mit seiner üppigen Natur bietet viele einsame Plätze und schöne Ausblicke abseits großer Straßen.

wir nun auf der Straße bleiben, die später die Dorfstraße und dann Haidecker wird. Erst wenn wir an der Dorfstraße in **Ramstedt** angekommen sind, geht es für uns nach links und wir folgen der Dorfstraße bis zum **Mühlencafé ③.**

Hier lohnt ein Stopp, denn der Ausblick vom Garten der Windmühle über die Landschaft ist wundervoll. Die hochwertigen Leckereien kommen vom Bäcker nebenan und bieten das ganze Jahr über einen guten Grund, hier zu pausieren.

Nach unserem Halt führt uns der Routenverlauf weiter auf der Hauptstraße Richtung **Schwabstedt.** An der V-Kreuzung halten wir uns links in die Straße Westerende, um dann an der ersten großen Kreuzung rechts abzubiegen in die **Norderende.** Der Hauptstraße folgen wir gut 1 Kilometer, vorbei am großen Kinderspielplatz und am Hundefreilauf. In die Straße Lehmsiek biegen wir dann rechts ab und folgen ihr 8 Kilometer bis zur Ortschaft Hollbüllhuus.

Auf dem Weg durchqueren wir den **Lehmsieker Wald ④.** Der auf einem eiszeitlichen Holm (Hügel) gelegene Wald ist einer der letzten verbliebenen Buchenwälder der Region. So viele Waldgebiete gibt es in Nordfriesland nicht, daher ist dieser schon eine Besonderheit. Ein weiterer Wald ist der Langenberger Forst in der Nähe von Niebüll. Er ist das größte Mischwaldgebiet der Region und wurde im 19. Jahrhundert von Forstdirektor Carl Emeis angepflanzt. Er umfasst heute gut 1000 Hektar und dient als schönes Naherholungsgebiet.

Idyllischer Pausenplatz in Hollbüllhuus

Aber zurück zum Lehmsieker Wald. Wenn wir durchgeradelt sind, dann sollten wir rechts zum Waldkindergarten fahren und unsere Räder abstellen. Hier gibt es einen **Waldparcours 5**, der über 1,5 Kilometer führt. An 17 Stationen gibt es Einblicke in die Artenvielfalt und in die Geschichte sowie Entstehung. Der Rundweg ist sehr liebevoll gestaltet, unterwegs können wir auf dem Waldthron Platz nehmen oder die Angebote der Waldapotheke probieren.

Wir setzen unsere Tour fort und können gleich an der nächsten Einfahrt links wieder pausieren. Hier geht es zum Parkplatz mit einem Infoschild über das **Wilde Moor 6**, das man auch von hier besuchen kann. Das Wilde Moor bei Schwabstedt ist zu jeder Jahreszeit einen Besuch wert. Das Moorgebiet wurde im 19. Jahrhundert entwässert und enttorft. In den 1930er-Jahren mussten während des Reichsarbeitsdienstes weitere Entwässerungsgräben ausgehoben werden. Mit dem abgestochenen Torf wurden die umliegenden Bauernhöfe mit Brennmaterial versorgt oder es wurde nach Friedrichstadt verschifft.

Die Renaturierung des Gebietes begann erst Anfang der 1980er-Jahre, als die Moorflächen nicht mehr als Weidegebiet genutzt wurden. Verschiedene Gruppierungen, darunter Naturschutzverbände und das Schleswig-Holsteinische Umweltamt, stellten gemeinsam einen Schutz- und Entwicklungsplan für das Moor auf. Einige Flächen befanden sich im privaten Besitz und wurden von der Stiftung Naturschutz Schleswig-Holstein aufgekauft.

Seit 1992 stehen 631 Hektar des Moores unter Naturschutz und es gibt mittlerweile wieder alle typischen Moorpflanzen wie Moorlilie, Moosbeere und Krähenbeere. Die Tierwelt hat sich auch erholt und heute trifft man im Moor Kreuzottern, Moorfrosch und 51 Brutvogelarten, wobei gerade der Kranich hervorzuheben ist.

Lost Place: das Freilufttheater Holbek

Auf dem **Moorlehrpfad** ⑦, der 2021 eröffnet wurde und barrierefrei gestaltet ist, erfährt man viel über Moore, ihre Geschichte und Bewohner.

Nun wird es aber Zeit, mal wieder in die Pedale zu treten. Wir verlassen die kleine Stichstraße und fahren links weiter bis **Hollbüllhuus** ⑧. Am Dorfplatz biegen wir links in die gleichnamige Straße ein und folgen ihr gut 500 Meter. Dann biegen wir rechts in den kleinen Weg ein, an dessen Ende wieder der Lehmsieker Wald liegt. Vor dem Wald biegen wir links ab und radeln den nächsten Weg gleich wieder links.

Über 20 Weißstorchpaare haben sich in **Bergenhusen** ⑨ niedergelassen und können beobachtet werden. Viele Infotafeln und ein kleines Museum geben Auskunft.

An der nächsten Kreuzung folgen wir der Straße links in den **Holbek**. Hier rollen wir Richtung Schwabstedt. Nach gut 600 Metern streifen wir ein kleines Waldgebiet, wo auf der linken Seite ein verlassenes **Freilufttheater** ⑩ zu sehen ist. Ein Lost Place mitten im Nirgendwo. Es geht auch ein kleiner Weg hinunter zum Theater, das man sich ansehen kann. Außerdem gibt es hier im Mai eine Menge Bärlauch zu ernten.

Nach einem kurzen Stopp geht es weiter Richtung Schwabstedt. Am Ende der Straße biegen wir links ab und radeln bis hinunter an die Treene. Wir fahren rechts und haben die Möglichkeit, im **Hotel Zur Treene** ⑪ einen leckeren Stopp einzulegen. Die Eistorte ist sehr beliebt und die Aussicht von der Terrasse wundervoll. Gegenüber vom Hotel haben wir sogar die Möglichkeit, noch einen Sprung in die Treene zu wagen.

Die Treene ist ein Nebenfluss der Eider und entstand vor über 14.000 Jahren. Schon die Wikinger nutzten einen schiffbaren Teil des Flusses, um zur Nordsee zu kommen. Die Treenequelle liegt in der östlichen Region Schleswig-Flensburg und sie schlängelt sich 95 Kilometer durch das Land, bevor sie in Friedrichstadt in die Eider fließt.

Wir fahren die Brücke links über die Eider, folgen dem Radweg über die Treene und biegen dann bei erster Gelegenheit rechts in den Wirtschaftsweg ein.

Diesem folgen wir ein Stück, bis wir am Ende rechts abbiegen. Nach der Linkskurve fahren wir rechts in den Mildterhof. Wir passieren die **Herberge Mildterhof mit Aroniaplantage ⑫,** wo man auch einige Köstlichkeiten erwerben kann. Am Ende des Weges fahren wir auf dem Deich links und sehen dann nach kurzer Zeit das Ortsschild von Friedrichstadt.

An der Schleswiger Straße biegen wir rechts ab und folgen ihr bis hinter den Friedhof. Kurz vor dem Kanal fahren wir links und nehmen dann die nächste Überfahrt rechts. Nach wenigen Metern stehen wir direkt auf dem Friedrichstädter **Marktplatz,** wo auch die **Touristinformation ⑬** angesiedelt ist.

Hier können wir noch ein Päuschen machen und den wundervollen Blick genießen. Denn der Marktplatz mit seinen vielen hübschen Häusern ist einen Rundgang wert. Wir können uns gegenüber des Tourismusbüros die Marktpumpe anschauen. Das gotikähnliche Brunnenhäuschen wurde 1879 von dem Architekten Heinrich Rohardt errichtet und Friedrichstadt zum Geschenk gemacht.

Für eine Einkehr bietet sich am Ende die **Kajüte 1876 ⑭** an, eine Bier- und Weinbar, in der es auch Tapas gibt. Sie liegt gemütlich an einer Gracht, hat schöne Draußensitzplätze und bietet regelmäßig musikalische Veranstaltungen.

Unser Weg führt an der Touristinfo geradeaus vorbei bis zum Kanal, wo wir über die kleine Brücke fahren oder schieben und auch gleich die zweite Brücke danach überqueren. Wir biegen links ab, entweder direkt über den Parkplatz (vorsichtig, Kopfsteinpflaster) oder in die Koldenbütteler Straße. An der B 202, der **Tönninger Straße,** geht es dann ein paar Meter links und wir biegen rechts in die Bahnhofstraße ein. Wir sind zurück an unserem Startpunkt.

Überall in Friedrichstadt zu finden: Damals-heute-Vergleich

Naturschutzgebiet Wildes Moor bei Schwabstedt
Lehmsieker Wald
Lehmsiek
Hollbüllhuus
Westerkoog
Lagedeich
K 135
L 38
Norderende
Rantrumdeich
Großer Sielzug
K 1
K 22
Ramstedt
Schwabstedt
Fresendelf
Oldersbek
Hemme
K 31
Hude
Koldenbüttel
Herrenhallig
Treenedeich
Treene
Mildterhof
Schleswiger Straße
Friedrichstadt
202
L 156
Eider
Seeth
Krelauer Heide
Drage
Stapel
1
2
3
4
5
6
7
8
9
10
11
12
13
14

Alles auf einen Blick

WIE & WANN:

Größtenteils asphaltierte Wirtschaftswege oder Radwege, abseits von großen Hauptstraßen, wenig Kopfsteinpflaster im Stadtbereich. Für Anfänger geeignet. Beste Zeit: Mai bis September, grundsätzlich ganzjährig möglich.

HIN & WEG:

Auto: Kostenloser Parkplatz am Bahnhof, Bahnhofstraße, 25840 Friedrichstadt (GPS: 54.377233, 9.079890), ein paar Meter weiter kostenpflichtiger Parkplatz Seebüll Süd (GPS: 54.375918, 9.082577)
ÖPNV: Mit der Bahn (RE 6 Hamburg-Altona nach Westerland/Sylt) bis Bahnhof Friedrichstadt

Entspannung ★★★★★
Genuss ★★★☆☆
Romantik ★★★★★

ESSEN & ENTSPANNEN:

Mühlencafé ❸ Am Mühlenberg, 25876 Schwabstedt, Tel. (0 48 84) 90 98 84
Hotel Zur Treene ⓫ An der Treene 5, 25876 Schwabstedt, Tel. (0 48 84) 2 10
Kajüte 1876 ⓮ Holmertorstraße 11, 25840 Friedrichstadt, Tel. (01 72) 2 52 91 48

ENTDECKEN & ERLEBEN:

Innenstadt von Friedrichstadt ❶ 25840 Friedrichstadt
Naturbadestelle Koldenbüttel ❷ Herrnhallig, 25840 Koldenbüttel
Lehmsieker Wald ❹ **Waldparcours** ❺ **Wildes Moor** ❻
Moorlehrpfad ❼ **Hollbüllhuus** ❽ **Storchendorf Bergenhusen** ❾
Freilufttheater Holbek ❿
Herberge Mildterhof mit Aroniaplantage ⓬ Mildterhof 1, 25878 Seeth, Tel. (0 48 81) 78 16, www.herberge-mildterhof.de
Touristinformation ⓭ Am Markt 9, 25840 Friedrichstadt, Tel. (0 48 81) 9 39 30, www.friedrichstadt.de

- 21,3 Kilometer
- 30 Höhenmeter
- 3 Stunden
- Rundtour

Am Morsum Kliff

Unsere Panoramatour beginnt am **Bahnhof in Keitum,** wo auch schon Auszeittour 3 endet. Vielleicht haben wir genügend Power, um beide Touren miteinander zu verbinden. Wir stehen in Keitum, der Ort, der bis Mitte des 19. Jahrhunderts als Hauptort der Insel Sylt galt. Bis Ende 2008 befand sich der Verwaltungssitz der Insel in Keitum, das 1216 erstmals Erwähnung fand. Im 17. und 18. Jahrhundert siedelten sich viele wohlhabende Kapitäne in Keitum an, woraufhin sich das Dorf als einziges einer eher arm geprägten Insel zu einem Wohlstandsort entwickelte. Erst mit dem Bau des Hindenburgdammes und dem damit verbundenen Tourismusaufschwung wuchs das Ansehen des Nachbarn Westerland. Heute gilt Keitum aufgrund zahlrei-

Friesisch pur

Zum Morsum Kliff

cher alter Baumbestände und sehr alter Friesenhäuser als grüner Ort der Insel. Wer sich noch vor der Tour stärken möchte, kann dies in der **Kleinen Teestube** ❶ tun. Neben einer unglaublichen Auswahl an Teesorten gibt es hier Torten oder Waffeln mit Eis. Gemütlich lässt es sich draußen wie auch drinnen sitzen.

Wir starten unsere Tour und verlassen den Bahnhof. Wir müssen die große Straße südlich der Bahnstation nehmen. Dafür fahren wir erst kurz geradeaus, biegen die erste Straße rechts ab, folgen der Unterführung und stehen dann an der Ampel. Hier fahren wir links auf den Radweg, dem wir bis nach **Archsum** folgen. Kurz nach der Linkskurve sind vor dem **Restaurant Alte Schule** ❷ 65 Findlinge eines alten Burgwalls zu sehen.

Schöner Pausenplatz am Katrevel

Wir radeln den Straßenverlauf noch gut 1 Kilometer weiter und biegen dann rechts in den Dikwai ein, auf dem wir gut 2,5 Kilometer bis an den Deich zurücklegen. Während wir den Deich am Horizont schon erkennen, sehen wir auf der linken Seite den ehemaligen Meeresarm **Katrevel 3,** der durch Eindeichung zu Süßwasserteichen wurde. Hier leben viele Vögel und wir können am kleinen Holzsteg, gut 200 Meter vor dem Deich eine Pause einlegen. Der Ausblick ist von dieser Seite wundervoll.

Wenn wir den Deich erreicht haben, können wir einen Blick hinüberwerfen. Im Sommer ist hier ein Treffpunkt für Wattwanderungen und eine kleine Badestelle als Geheimtipp. Unsere Radtour führt nach links, wobei es egal ist, ob wir uns für den Weg vor oder hinter dem Deich entscheiden. Vielleicht richten wir uns eher nach dem Wind und schauen, wo es angenehmer zu fahren ist. Den nächsten Übergang/Ausfahrt nehmen wir dann auch schon wieder und stehen links vor der **Nationalparkstation Morsum** ④. Der Nösse-Koog und die vorgelagerten Salzwiesen sind ein Paradies für zahlreiche Vogelarten. Führungen und Veranstaltungen finden von der Station aus statt, man sollte sich im Vorfeld erkundigen.

Wir folgen der Straße geradeaus und biegen dann am **Hooger Wal** rechts ab. Nach einigen Metern folgen wir dem Serkwai links und dann zügig dem Gungwai nach rechts bis zum Ende. Dann geht es nach links, am Morsumer Golfclub vorbei bis zum Terpstich, in den wir links abbiegen. Am **Nösistich** fahren wir rechts, überqueren die Bahngleise und halten uns danach rechts, bis zum Parkplatz, der auf der rechten Seite nach gut 600 Metern erscheint.

Für die Seele

Entspannend wirken der Panoramablick am Morsum Kliff und die Ruhe am Nösse-Deich. Hier atmen wir tief ein und genießen die Nordseeluft.

Nationalpark-Station

Das Morsum Kliff

Die ***Sylter Marmeladen-Manufaktur*** *ist ein Eldorado für Freunde des süßen Aufstrichs. Sabine Clahsen kreiert hier eigene Variationen wie „Leckere Erdbeere mit Aperol" oder „Holundergelee mit Meersalz".*

Hier stellen wir die Fahrräder ab und gehen zu Fuß auf eine kleine Erkundungstour. Wer möchte, kann einen Stopp bei der **Sylter Marmeladen-Manufaktur** ❺ einlegen. Sonst überqueren wir die Straße, gehen rechts am Landhaus Severin vorbei und dann links Richtung Kliff. Die kleine Wanderung lohnt sich allemal. Ein Holzsteg führt durch die Dünenlandschaft. Viele Bänke laden zum Pausieren ein und am Ende wartet der wundervolle Aussichtspunkt, von dem aus wir einen unglaublichen Blick über das **Morsum Kliff** ❻ haben.

Das Kliff ist ein Naturschutzgebiet und erstreckt sich über knapp 2 Kilometer. Es ist streng geschützt und die geologischen Schichten repräsentieren eine Zeitspanne von ungefähr 7 bis 8 Millionen Jahren. Die älteste Formation wird sogar auf 9 bis 11 Millionen Jahre datiert.

Schon im Jahr 1923 wurden erste Teile des Kliffs unter Schutz gestellt, als es im Zuge des Dammbaus Planungen gab, diese für Baumaterial abzutragen. Es gab mehrere Privatinitiativen, aus denen später auch

Informationstafel der Naturschutzgemeinschaft Sylt e.V.

die Gründer des Vereins Naturschutz und noch später die Naturschutzgemeinschaft Sylt e.V. hervorgingen. Die NSG Sylt ist bis heute Schutzträger des Morsum Kliffs. 2006 wurde das Gebiet als Nationales Geotop ausgezeichnet.

Zurück am Parkplatz können wir ein Schild entdecken, das fast etwas unauffällig in der Gegend steht. Wir finden Informationen zu den Hügelgräbern, die hier sehr verbreitet sind. An diesem Parkplatz waren 30 kleine Grabhügel angelegt, die 1943 durch den Bau von Befestigungsanlagen teilweise zerstört worden sind. Kaum ein anderes Gebiet in Deutschland wurde früher so sehr von Grabhügeln und Megalithgräbern geprägt wie die Nordfriesischen Inseln Sylt, Föhr und Amrum.

Wenn wir wieder zurück an unseren Fahrrädern sind, setzen wir die Radtour fort. Dafür verlassen wir den Parkplatz nach links und biegen nach einigen Metern rechts in den Sandweg ein. Dem Verlauf folgen wir gut 4 Kilometer, wir biegen erst am Gurtmuasem links ab Richtung Bahnhof. Am Ende fahren wir rechts, folgen der Linkskurve und biegen am Terpstich links ab. An der nächsten Kreuzung halten wir uns wieder rechts und fahren nach einigen Metern links in den Haawerlön. Auf der linken Seite erscheint die Morsumer **Kirche St. Martin 7**. Zeit für eine erneute Pause.

Die Kirche ist neben dem Morsum Kliff das Aushängeschild des Ortes. Zur Erbauung gibt es keinerlei urkundliche Belege, auf einer 1652 erschienenen Karte, die das Gebiet um 1240 zeigt, ist sie aber als „Mosen-Capelle" erwähnt. Ihre jetzige romanische Gestalt erhielt sie bei der letzten großen Renovierung 1932/33. Der Glockenturm, der westlich der Kirche angesiedelt ist, wurde 1767 mit der heutigen Glocke bestückt. Sie wird noch immer per Hand geläutet.

Wenn wir nach der Besichtigung Lust haben, dann gibt es gegenüber der Kirche einen kleinen Obstbaumlehrpfad, der sehr spannend ist.

!

Unter dem Namen ***hünen.kulTour*** *hat das Institut Söl'ring Foriining drei verschiedene Touren konzipiert, auf denen man die archäologischen Zeugnisse der Vor- und Frühgeschichte alleine entdecken kann.*

Heidelandschaft am Morsum Kliff

Panoramatour 8

Kirche St. Martin von außen

Morsum ist der östlichste Ort der Insel Sylt und überzeugt mit Ruhe, viel Natur und seiner Ursprünglichkeit. Bis 1970 war Morsum eine selbstständige Gemeinde, dann vereinigte man ihn mit Archsum, Keitum und Tinnum zur Gemeinde Sylt-Ost. 2009 ging diese in der Gesamtgemeinde Sylt auf. Nirgendwo anders auf der Insel finden wir mehr friesische Inselnamen wie in Morsum. Da ist es nicht verwunderlich, dass Sölring, der friesische Dialekt der Insel Sylt, in Morsum noch gesprochen wird.

Unsere Rundtour führt weiter an der Straße links und dann gleich wieder rechts. Dem Straßenverlauf des **Treskerstrich** folgen wir am Campingplatz vorbei und halten uns auch an der kurvigen Kreuzung geradeaus. Hier radeln wir gemütlich gut 4 Kilometer, bis wir an die Hauptstraße gelangen, wo der Weg nach links weiterführt. Nach gut 2 Kilometern sind wir wieder in **Keitum** an unserem Ausgangspunkt.

Orgel der Kirche St. Martin

Keitum
K 117
Sylt
Wattenmeer nördlich des Hindenburgdammes
Archsum
K 117
Dorfstraße
Uaster Reeg
Walseekerstich
Tjüls-Wial
Terpstich
Treskerstich
Morsum
Üp Klef
Morsum Kliff
Nösistich
Uasterhörn
Gungwai
Osterende
Dikwai
Katrevel
Naturschutzgebiet
Nordfriesisches Wattenmeer
Naturschutzgebiet
Nordfriesisches Wattenmeer
1
2
3
4
5
6
7

Alles auf einen Blick

WIE & WANN:
Meistens asphaltierte Wege. Für Anfänger sehr gut geeignet. Beste Zeit: April bis Oktober, vor allem im August, wenn die Heide am Kliff blüht.

HIN & WEG:
Auto: Parkplätze am Bahnhof Klanxbüll, Bahnhofstraße, 25924 Klanxbüll (GPS: 54.862023, 8.677574) oder Bahnhof Niebüll, Bahnhofstraße, 25899 Niebüll (GPS: 54.788671, 8.833606)
ÖPNV: Mit der Bahn (RE 6 Hamburg-Altona nach Westerland/Sylt) bis Bahnhof Keitum/Sylt

Entspannung ✱✱✱✱✱
Genuss ✱✱✱✱✱
Romantik ✱✱✱✱✱

ESSEN & ENTSPANNEN:
Kleine Teestube ❶ Westerhörn 2, 25980 Sylt, Tel. (0 46 51) 3 18 62, www.kleineteestube.de
Restaurant Alte Schule ❷ Dorfstraße 6, 25980 Sylt, Tel. (0 46 51) 89 15 08, www.alteschule-sylt.de
Sylter Marmeladen-Manufaktur ❺ Litjmuasem 22, 25980 Sylt, www.sylter-marmeladen-manufaktur.com

ENTDECKEN & ERLEBEN:
Katrevel ❸
Nationalparkstation Morsum ❹ Liiger Wal, 25980 Sylt, Tel. (0 46 51) 88 10 93, www.schutzstation-wattenmeer.de
Morsum Kliff ❻
Kirche St. Martin ❼ Haawerlön 1, 25980 Sylt-Ost, www.kirche-morsum-sylt.de

- 39,4 Kilometer
- 40 Höhenmeter
- 5 Stunden
- Rundtour

Der bekannteste Leuchtturm Deutschlands

Wir starten unsere Panoramatour mitten in St. Peter-Ording auf dem **Marktplatz.** Die **Tourismuszentrale** ❶ ist in Sichtweite, Toiletten sind vorhanden, der Parkplatz ist kostenlos und verfügt über E-Ladesäulen. Der Bahnhof ist fußläufig zu erreichen. Für uns der perfekte Startpunkt zu unserer Rundtour. Hinterher können wir zu Fuß oder mit dem Rad noch einige Hundert Meter fahren und stehen schon am großen Sandstrand von **St. Peter-Ording.** Der Ort steht bei Gästen hoch im Kurs und ist einer der beliebtesten Ausflugsziele an der Schleswig-Holsteinischen Westküste. Es ist das einzige der deutschen Seebäder, das über eine eigene Schwefelquelle verfügt und aus diesem Grund die Bezeichnung „Nordseeheil- und Schwefelbad" tragen darf.

Das Wahrzeichen

Zum Leuchtturm Westerhever

Der Strand ist 12 Kilometer lang und bis zu 2 Kilometer breit und in den Ortsteilen Bad und Ording schließt sich sogar noch ein breiter Dünengürtel an, der 1826 nachträglich bewaldet wurde, um den Sandflug zu stoppen. Der Haupt-Wirtschaftssektor ist der Tourismus, über 15.000 Betten stehen Gästen in St. Peter-Ording zur Verfügung, dazu einige Rehaeinrichtungen. Daher ist kulinarisch für jeden etwas zu finden.

St. Peter-Ording liegt im Bereich Nachhaltigkeit ganz schön vorn. Neben Niebüll, Hallig Hooge und Husum ist St. Peter-Ording die vierte **Fair-Trade-Town** in Nordfriesland. Nicht nur die ökologischen Ziele, sondern auch die sozialen und ökonomischen Säulen haben eine große Bedeutung.

Der Naturraum des Weltnaturerbes Wattenmeer ist besonders schützenswert. Im Sommer 2022 wurde ein **Naturerlebnisraum** ❷ eröffnet. Das Areal erstreckt sich über 4,6 Hektar und informiert über den Lebensraum. Es gibt interaktive Informationselemente, Barfußpfad und Fernrohre.

Wer Lust hat, kann vor dem Tourstart noch einen Blick hinter den kleinen Deich am Parkplatz werfen und die **Dorfkirche St. Peter** ❸ besuchen. Sie liegt im ältesten Teil des heutigen Nordseeheilbades und ist auch Namensgeber des Ortes. Sie wurde seit ihrer Erbauung um 1200 mehrfach umgebaut und verfügt über einen der ältesten Schnitzaltare Nordfrieslands.

Unsere Panoramatour starten wir Richtung Hauptstraße und Bahngleise. Wir überqueren sie und fahren geradeaus auf den **Neuweg,** hinaus aus dem Ort am Wohnmobilhafen vorbei. Dem Verlauf folgen wir erst mal eine Zeit lang und nachdem wir die Bundestraße 202 überquert haben, wird es auch ruhiger. Kurz hinter dem Brösum-Sielzug fahren wir links an den Deich. Wir überqueren diesen und sehen immer wieder Schilder Richtung „Leuchtturm Westerhever“, der ist auch unser Ziel am heutigen Tag. **Am kleinen Hafen** vom Sportbootverein St. Peter Ording lohnt ein Stopp, denn die Aussicht über die Salzwiesen ist wunderschön und am Horizont ist schon der bekannteste Leuchtturm Deutschlands zu erkennen. Eine Sturmflutstele steht am Hafenbecken und gibt Auskunft über die Höhe der Sturmfluten der letzten Jahrhunderte. Das raue Küstenleben ist überall gegenwärtig.

Wir fahren weiter und nehmen die nächste Gelegenheit wahr, um den Deich zu überqueren und hinter ihm weiterzufahren. Manchmal lohnt der Blick hinter

Für die Seele

Die Salzwiesen auf dem Weg zum Leuchtturm Westerhever blühen im Sommer und beherbergen verschiedene Vögel – eine Pause einlegen und tief durchatmen.

den Deich, denn es finden sich allzu häufig Vogelparadiese und unverbauter Weitblick ins Hinterland.

In der Linkskurve, kurz nach dem Siel, überqueren wir den Deich wieder und fahren gemütlich bis nach **Westerhever.** Es ist ein schöner Abschnitt, denn den Leuchtturm haben wir immer im Blick, dazu die Schafe am Deich und das Weltnaturerbe Wattenmeer. Fast scheint der Ausblick mit Tusche gemalt worden zu sein. So mancher Künstler hat sich hier schon ausprobiert und eine grandiose Fotokulisse ist es an jeder Stelle.

Es lohnt sich auf jeden Fall, die Fahrräder hinter dem Deich am Imbiss oder **Infozentrum des Tourismusvereins Westerhever** 4 abzustellen. Hier bekommen wir auch die Eintrittskarten, um den Leuchtturm zu

!

*Für Interessierte werden regelmäßig **Fotowalks** angeboten. Dabei ist es egal, ob man Anfänger oder Fotoprofi ist. Auf gemeinsamen Spaziergängen kommt man zu den schönsten Fotolocations und kann sich mit Gleichgesinnten austauschen. Infos gibt es in der Tourismuszentrale oder im Online-Erlebnis-Shop.*

Pfahlbauten am Strand von St. Peter-Ording

besteigen, das sollten wir auf keinen Fall vergessen. Der Weg durch die Salzwiesen ist traumhaft schön. Gerade zur Strandfliederblüte im Juli, wenn alles in Lila erblüht.

Der **Westerhever Leuchtturm** (5) wurde 1906 auf einer 4 Meter hohen Warft errichtet und ist 41,5 Meter hoch. 130 Tonnen gusseiserne Platten wurden montiert und er verfügt über neun Stockwerke. 1908 wurde das Leuchtfeuer in Betrieb genommen, 1979 wurde er automatisiert und der letzte Leuchtturmwärter verließ seinen Arbeitsplatz. Das Licht des Leuchtturmes kann man bei guter Sicht noch gut 50 Kilometer weit sehen.

Ein echtes Erlebnis ist der Ausblick von der umlaufenden Plattform in 37 Meter Höhe, von wo aus wir bei guter Sicht fast alle der 20 Kirchturmspitzen der Halbinsel Eiderstedt sehen können. Neben dem Leuchtturm stehen die beiden baugleichen Häuser, die heute von Freiwilligen der Schutzstation Wattenmeer bewohnt werden und die eine Ausstellung beherbergen. Bei Sturm sollten wir aufpassen, denn die Salzwiesen können dann überflutet werden und uns den Weg zurück abschneiden. Darauf weisen zusätzlich viele Schilder hin, denn das Wetter darf an der Küste niemals unterschätzt werden. Auch nicht im Sommer.

Den Rückweg sollten wir unbedingt über den **Stockenstieg** gehen, der 1992 in das Denkmalbuch des Landes Schleswig-Holstein eingetragen wurde.

Wir setzen unsere Tour auf dem Ahndelweg fort, Richtung Landesinnere. Nach gut 2 Kilometern erscheint rechts die **St.-Stephanus-Kirche** (6) von Westerhever, die auf einer gut 5 Meter hohen Warft erbaut wurde und stolz über den Ort wacht. Der Turm stammt von 1370, ist der älteste auf Eiderstedt und beherbergt den ältesten Taufstein der Halbinsel. Die Ausstattung erinnert mit blauen Sitzreihen und roten Verzierungen an die Halligkirchen.

Wir fahren weiter auf der Dorfstraße und biegen dann in die **Süderheverkoog-Chaussee** rechts ab. Wir

Ältester Taufstein in der Westerhever Kirche St. Stephanus

radeln gut 1,5 Kilometer bis zur Kreuzung und rollen in die **Koogstraße** hinein, wo nach einigen Hundert Metern auf der rechten Seite das **Landcafé Eclair** **7** erscheint. Hier wird es Zeit, eine Pause einzulegen. Es gibt zur Mittagszeit Salate und herzhafte Kleinigkeiten wie Quiche, Flammkuchen, Suppe oder belegte Brötchen. Zur Kaffeezeit stehen dann richtig gute Torten und Kuchen in der Auswahl. Dazu gibt es Sitzplätze im Grünen unter Apfelbäumen.

Nachdem wir uns gut gestärkt haben, führt uns die Tour weiter. Wir biegen nach dem Café rechts ab und radeln bis zum Deich. Wir verlassen den Deichweg allerdings schon nach wenigen Metern nach links und folgen der Straße gut 4 Kilometer, bis wir auf die Bundestraße 202 in **Tating** stoßen. Wir fahren einige Meter rechts und biegen dann in den Düsterbrook ein. Nach wenigen Metern stehen wir vor dem **Schweizer Haus** **8** und dem Hochdorfer Garten. Hier im Schweizer Haus bekommt man vermutlich die größten Tortenstücke Nordfrieslands. Daneben gibt es sowohl eine Mittags- und Abendkarte, unter anderem mit Flammkuchen, Burgern und einer tollen Salatauswahl. Das Schweizer Haus ist ein beliebter Haltepunkt und vor allem in den Sommermonaten sehr voll. Das Warten lohnt sich aber auf jeden Fall und sollte einen nicht abschrecken.

Nach einem kulinarischen Päuschen empfiehlt sich ein Spaziergang durch den **Hochdorfer Garten** **9**, der einer der bedeutendsten Gartendenkmäler bäuerlicher Gartenkultur in Schleswig-Holstein ist. Er steht seit 1979 unter Denkmalschutz. Zwar hat sich seit der Entstehung des Barockgartens 1764 einiges verändert, die alten Obstbäume, der Barockgarten und die historischen Zierpflanzen machen einen Aufenthalt aber zu jeder Jahreszeit wundervoll.

Unsere Tour setzen wir Richtung Ortsausgang fort und biegen kurz danach rechts in den **Ehsterweg** ein. Dem Verlauf folgen wir bis zur Hauptstraße, wo wir rechts fahren. Kurz vor dem Ortseingang nach St. Peter-

Ording liegt auf der rechten Straßenseite das weiße Reetdachhaus des **Richardshofes ⑩.** Hier lässt sich im urigen Ambiente ebenfalls schön pausieren. Es gibt selbst gerösteten Kaffee, kreative Teevariationen und selbst gemachten Kuchen. Ein kleiner Streichelzoo für die kleinen Gäste ist ebenfalls vorhanden.

Apropos Zoo. Ein paar Meter weiter liegt auf der linken Seite der **Westküstenpark & Robbarium St. Peter-Ording ⑪,** der 1992 als privat geführter Tierpark eröffnet wurde. Die Idee war, umfassende und artgerechte Tierhaltung nach modernen Standards mit barrierefreien Naturerlebnissen und Umweltbildung zu vereinen. Die Aufklärung über die Tiere und deren Lebensraum steht bei allen Aktivitäten im Vordergrund. Vor allem sind einheimische Tierarten zu beobachten. Im Westküstenpark kommen jährlich rund 60 Weißstörche zu Besuch, die hier ihren Nachwuchs großziehen.

Wir rollen nach **St. Peter-Ording.** Den Kreisverkehr verlassen wir bei der zweiten Ausfahrt geradeaus und haben nur noch wenige Meter bis zum Marktplatz.

Zum Abschluss bietet sich eine Einkehr im **Salt & Silver am Meer ⑫** an.

*Das **Salt & Silver am Meer** liegt am Badestrand Böhl und ist ein Pfahlbauten-Restaurant. Regionale Produkte werden mit viel Leidenschaft verarbeitet und knusprig-rauchig auf dem Grill zubereitet. Der Ausblick von der Terrasse ist einmalig.*

Der Nationalpark beginnt vor den Dünen

Marktplatz in St. Peter-Ording

Westerheversand
Ahndelweg
Dorfstraße
Kooge-Sielzug
Wester-
hever
Leikenhusen
Norder-Sielzug
Westerheverstraße
K 131
Ostersielzug
Süderheverkoog-Chaussee
Hauptsielzug
Süderhever
koog
K 14
Tümlauer Bucht
Büttel-Sielzug
Tümlauer
Koog
Brösum-Sielzug
Koogstraße
K 36
Taitinger Straße K 12
Norderdeich
Koogsweg
Otteresing
Brösum
Ostereck
Tholendorf
Hauert
Büttelweg
Tating
202
Ordinger Sielzug
Neuweg
K 36
Brösum-Sielzug
Medfeldweg
Bohmarnweg
Ehster-Hauptsielzug
Eiderstedter Straße
Ehsterweg
P
Wittendüner
Geest
Wittendün
Dorfstraße
St. Peter-Ording
Böhler Landstraße
Utholm-Sielzug
L 33
Ehst
Wittendüner Allee
Olsdorfer Sielzug
Eiderweg
Hafenweg
1
2
3
4
5
6
7
8
9
10
11

Alles auf einen Blick

WIE & WANN:
Asphaltierte Wege. Für Anfänger geeignet. Beste Zeit: April bis Oktober, aber auch im Winter sehenswert.

HIN & WEG:
Auto: Kostenloser Parkplatz am Marktplatz, 25826 St. Peter-Ording (GPS: 54.306138, 8.636722)
ÖPNV: Mit der Bahn (RB 64 Husum nach St. Peter-Ording) bis Bahnhof Bad St. Peter Süd

ESSEN & ENTSPANNEN:
Landcafé Eclair ❼ Koogstraße 57, 25881 Tümlauer-Koog, Tel. (0 48 62) 20 16 09, www.landcafe-eclair.de
Schweizer Haus ❽ Düsternbrook 10, 25881 Tating, Tel. (0 48 62) 2 01 96 81, www.schweizerhaus-tating.de

Entspannung ✱✱✱✱✱
Genuss ✱✱✱✱✱
Romantik ✱✱✱✱✱

Richardshof ❿ Wittendüner Allee 84, 25826 St. Peter-Ording, Tel. (0 48 63) 70 32 20
Salt & Silver am Meer ⓬ Zum Böhler Strand, 25826 St. Peter-Ording, www.saltandsilver.de

ENTDECKEN & ERLEBEN:
Tourismuszentrale ❶ Badallee 1, 25826 St. Peter-Ording, Tel. (0 48 63) 99 90, www.st-peter-ording.de **Naturerlebnisraum** ❷
Dorfkirche St. Peter ❸ Olsdorfer Straße 15, 25826 St. Peter-Ording, Tel. (0 48 63) 22 60, www.kirche-in-st-peter.de
Infozentrum des Tourismusvereins Westerhever ❹ Ahndelweg 4, 25881 Westerhever, Tel. (0 48 65) 12 06, www.westerhever-nordsee.de **Westerhever Leuchtturm** ❺
St.-Stephanus-Kirche ❻ Dorfstraße 1, 25881 Westerhever, Tel. (0 48 62) 1 72 67
Hochdorfer Garten ❾ Hochdorfer Weg 1, 25881 Tating, www.haubarg-hochdorfer-garten.de
Westküstenpark & Robbarium St. Peter-Ording ⓫ Wohldweg 6, 25826 St. Peter-Ording, Tel. (0 48 63) 30 44, www.tierpark-westkuestenpark.de

Heideblüte

- 26,3 Kilometer
- 110 Höhenmeter
- 3 Stunden
- Rundtour

Diese Panoramatour starten wir auf dem **Parkplatz am Stollberg.** Da die Anreise mit dem Bus eher etwas beschwerlich ist, können wir alternativ in Bredstedt am Bahnhof in die Rundtour einsteigen.

Wir stehen unterhalb des Fernmeldeturms auf dem Stollberg, der mit 43,4 Metern die vierthöchste Erhebung in Nordfriesland ist. Bevor wir losradeln, ist ein Gang auf die Aussichtsplattform des Fernmeldeturms absolut empfehlenswert, denn weiter werden wir nirgendwo schauen können! Über die Köge können wir weit bis zum Meer gucken, sehen die vorgelagerten Halligen und Inseln. Ein Highlight ist der Blick am Abend mit dem Sonnenuntergang oder auch im Herbst und Winter, wenn die Luft ganz klar ist und

Übern Berg

Um den Stollberg bei Bredstedt

nichts den Blick trübt. Wer ein gutes Fernglas sein Eigen nennt, sollte es unbedingt mitnehmen.

Der **Naturerlebnisraum Stollberg (1),** der sich an unseren Parkplatz anschließt, ist gut 380 Hektar groß und hat an verschiedenen Stationen Informationen- und Spielangebote, er ist für Jung und Alt gleichermaßen interessant. Wir erfahren unter anderem, dass der Stollberg vor 500 Jahren noch ans Meer grenzte und bei einer kleinen Rundtour zu Fuß gibt es viele Informationen über den Wandel an der Küste. Die Kleinen können sich auf einem wundervollen Naturspielplatz austoben.

Für uns geht es nun los. Vom Parkplatz halten wir uns links und rollen die Straße **Am Stollberg** hinab. Am Ende halten wir uns rechts und fahren dann gut

2 Kilometer geradeaus, bis wir links in die Straße Lund einbiegen. Auch diesem Straßenverlauf folgen wir einige Hundert Meter, bis wir auf die Hauptstraße in Büttjebüll treffen. In **Büttjebüll** gibt es ein **Raseneisenerz-Naturdenkmal** ❷.

*Das **Raseneisenerz-Naturdenkmal** ist ein gut 4 Hektar großes Gebiet, das über ein vollständig erhaltenes Raseneisenerzvorkommen, Trockenrasen und Heidebestände verfügt. Es gibt eine Aussichtsplattform und Erklärtafeln.*

Wir biegen rechts ab und durchqueren die Ortschaft, die heimelig wirkt mit den vielen Reetdachhäusern. Den Weitblick können wir hier wieder genießen. Kurz hinter dem letzten Haus biegen wir links in die Straße **Addebüll** ein. Am Ende fahren wir kurz links, um dann gegenüber in den Koogsweg einzubiegen.

Diesem Verlauf folgen wir gut 1,5 Kilometer bis zur Kreuzung am Mittelweg, wo wir links abbiegen. Wir radeln zwischen den gigantischen Windmühlen hindurch, die in den Kögen stehen und für erneuerbare Energien sorgen.

Marktplatz von Bredstedt

Wenn wir vor einer Windkraftanlage stehen, spüren wir die Kraft, die erzeugt wird. Um die 850 Windmühlen stehen in Nordfriesland und die meisten von ihnen sind in sogenannten Bürgerwindparks angesiedelt. Das bedeutet, dass Menschen, die hier wohnen, die Möglichkeit haben, zu investieren und schon nach kurzer Zeit mit den Windrädern Geld zu verdienen. Wir folgen dem **Mittelweg** durch den Bürgerwindpark einige Kilometer, bis wir das Ortsschild von **Bordelum** passieren und auf die Alte Dorfstraße treffen.

Hier biegen wir rechts ab, und nach der Linkskurve gleich wieder rechts in den Fru-Metten-Weg, an dessen Ende die **Koogchaussee** wartet. Hier biegen wir rechts ab und folgen dem Mittelweg nun gut 4,5 Kilometer. Das **Solarfeld** ③ auf halber Strecke ist ein weiterer Beweis dafür, dass es in dieser Region nicht nur um Windkraft geht, sondern dass es bei der erneuerbaren Energiegewinnung Alternativen gibt.

Wir sind in **Bredstedt** und folgen dem Straßenverlauf, bis die Nordseestraße unseren Weg kreuzt. Da biegen wir rechts ab und stehen nach einigen Metern auf dem **Marktplatz** ④. Hier haben wir die Möglichkeit, eine Einkehrpause zu machen oder einen kurzen Bummel durch die Innenstadt.

Für die Seele

Die Magie der Bordelumer Heilquelle und der Weitblick über die Inseln und Halligen erfreuen unsere Seele und lassen uns zur Ruhe kommen.

Bredstedt hat heute gut 5600 Einwohner, bereits 1231 wurde es das erste Mal urkundlich erwähnt. Bis 1477 lag Bredstedt noch am Meer und hatte sogar einen Hafen. Davon ist heute aber nichts mehr zu sehen. Die zentrale wissenschaftliche Einrichtung für die friesische Sprache, das **Nordfriisk Instituut** ⑤, ist in Bredstedt ansässig und verfügt mit der Nordfrisk Futuur über eine kleine, aber sehr informative Ausstellung. Hier geht es im begehbaren Schaukasten um Sprache, Geschichte und Kultur der Nordfriesen.

Einen Stopp im **Eiscafé Gelato Gava** ⑥ sollte man sich nicht entgehen lassen. Wenn wir uns gestärkt haben, dann schwingen wir uns wieder in den Sattel und verlassen den Marktplatz auf demselben Weg, den wir ge-

*Das **Eiscafé Gelato Gava** ist schon lange kein Geheimtipp mehr. Dort wird Eis mit Milch und Sahne vom nahen Hof Jürgensen hergestellt. Der Hof ist ein moderner landwirtschaftlicher Familienbetrieb, der nach Anmeldung auch Führungen anbietet.*

kommen sind. Wir biegen allerdings nicht links ab, sondern folgen der Nordseestraße bis zum Ende. Da biegen wir rechts ab und gleich wieder links auf die **Gerichtstraße.** Hier radeln wir nur erst mal geradeaus, bis wir auf die Dorfstraße in Bordelum treffen. Unterwegs begleitet uns wieder der wundervolle Blick Richtung Nordsee.

In Bordelum biegen wir links ab. Wir fahren am **Restaurant Norditeran** ⑦ vorbei, das hier in der Region sehr etabliert ist. Neben einer wechselnden Mittagskarte im Bistro gibt es Pasta, Burger, Fleisch, Fisch und Sushi. Eine Tischreservierung sollten wir unbedingt vornehmen. Und wenn wir lieber etwas mitnehmen wollen, können wir es vorbestellen und einfach an der Futterluke abholen.

Ein paar Meter weiter liegt auf der linken Seite noch der **Hofladen des Marienhofes** ⑧**.** Neben frischen Eiern, Obst und Gemüse gibt es unglaublich viel selbst gemachte Leckereien. Verschiedene Aufstriche, Marmeladen, Honig oder Eingekochtes. Alles nachhaltig in Gläsern verpackt. Dazu gibt es eine schöne Gewürz- und Weinauswahl. Ein kleiner Pausenplatz für Radfahrer befindet sich im Vorgarten und kalte Getränke für die Pause gibt es an der Kasse.

Nachdem wir einen kleinen Bummel durch den Hofladen gemacht haben, setzen wir unsere Tour fort und folgen der **Dorfstraße,** bis nach einigen Metern rechts die Straße **Meierhof** abgeht. Hier biegen wir ein und fahren am Buttjebüller Kirchenweg rechts.

Aber Achtung, es geht bergauf! Am Straßenende sehen wir den Fernmeldeturm auf dem Stollberg.

Nach gut 200 Metern liegt rechts ein kleines Waldgebiet. Hier stellen wir die Räder ab und besuchen die **Heilquelle Bordelum** ⑨ und den Besinnungspfad. Der Ort wird liebevoll von der Gemeinde gepflegt. Wenn wir das Gelände betreten und wir uns an den überdachten Picknicktisch setzen, dann haben wir einen wundervollen Blick auf die St. Nikolai Kirche von Bordelum, wo wir später anhalten können.

Bordelumer Heilquelle

Die **Heilquelle** wurde vor über 200 Jahren entdeckt und kurzzeitig dachte man in Bordelum, ein berühmter Wasserkurort werden zu können. Von 1808 bis 1810 kamen für kurze Zeit viele Menschen nach Bordelum, um die Heilquelle zu besuchen. Der Ansturm war so groß, dass sie vom Küster bewacht werden musste und die Übernachtungsplätze im Dorf nicht ausreichten. Die Kirche freute sich, denn die Quelle lag auf ihrem Gebiet und damit durfte sie über die Eintrittsgelder verfügen.

Allerdings blieben die Heilerfolge des Quellwassers aus, sowohl durch Trinken als auch in der äußerlichen Anwendung. Das sprach sich herum, und ab 1811 blieben die Gäste aus. Trinken sollten wir das Wasser auf keinen Fall, denn es verfügt über einen hohen Ammonium-Stickstoffgehalt und ist nicht genießbar.

Ein paar Meter weiter bergauf fahren wir dann auf die **St.-Nikolai-Kirche ⑩** zu. Sie ist ungefähr 800 bis 900 Jahre alt, genau lässt sich das nicht beziffern. Die rote Backsteinkirche ist schick zurechtgemacht. Die Kanzel stammt aus dem Jahr 1633 und verfügt über einige Schnitzreliefs, die Orgel wurde 1888 eingebaut und ist in ihrer ursprünglichen Form bis heute erhalten geblieben. Die Firma Marcussen aus dem dänischen Apenrade hat sie gebaut.

Unsere Tour geht weiter. Wenn wir vor der Kirche stehen, fahren wir rechts und biegen sogleich links ab in die **Norderende.** An der T-Kreuzung folgen wir dem Straßenverlauf nach links, bis wir auf die B 5 stoßen. Wir müssen sie überqueren und schräg gegenüber in den **Margarethenberg** einbiegen. Wir fahren über die Bahnschienen, halten uns an der V-Gabelung links und folgen dem Verlauf gut 1 Kilometer. Hier biegen wir dann links ab und radeln am westlichen Ende der **Bordelumer Heide ⑪** geradeaus. An der nächsten Kreuzung geht es für uns wieder links in den Heideweg.

Wir befinden uns hier im nicht zugänglichen Teil des Schutzgebietes. Erst wenn wir die B 5 wieder überqueren und geradeaus in den Schotterweg einbiegen, sind wir dort, wo man auch durch die Heide wandern kann. Rechts von uns sieht man zur Heideblüte ein Meer in Lila und es lohnt auf jeden Fall zu jeder Jahreszeit, das Rad an der nächsten Kreuzung stehen zu lassen und einen Blick in die Landschaft zu werfen.

Unsere Tour führt uns weiter bis zur zweiten Kreuzung, wo die **Ole Landstraat** unseren Weg kreuzt und wir links abbiegen. Hier sind wir zu Beginn schon gefahren und wir folgen ihr gut 800 Meter und biegen dann links in die Straße **Zum Stollberg** ein, wo wir bis zu unserem Parkplatz fahren.

Heidelehrpfad in der Bordelumer Heide

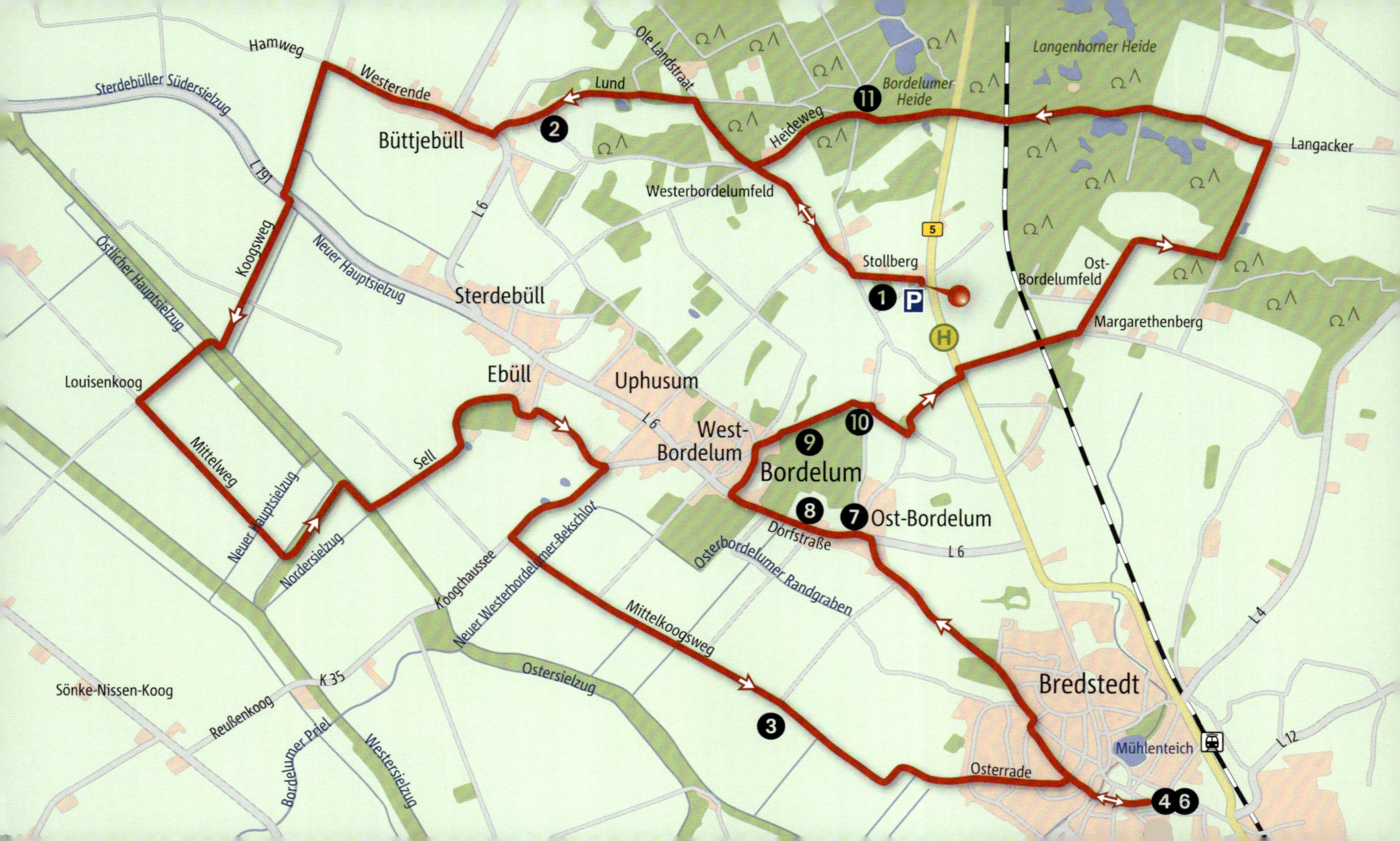

Hamweg
Ole Landstraat
Langenhorner Heide
Lund
Westerende
11
Bordelumer Heide
Sterdebüller Südersielzug
Heideweg
Langacker
2
Büttjebüll
L 191
Westerbordelumfeld
L 6
5
Koogsweg
Stollberg
Ost-Bordelumfeld
1
P
Östlicher Hauptsielzug
Neuer Hauptsielzug
Sterdebüll
H
Margarethenberg
Louisenkoog
Ebüll
Uphusum
L 6
West-Bordelum
10
9
Mittelweg
Sell
Bordelum
8
7
Ost-Bordelum
Neuer Hauptsielzug
Nordersielzug
Dorfstraße
L 6
Osterbordelumer Randgraben
Koogchaussee
Neuer Westerbordelumer-Bekschlot
L 4
Mittelkoogsweg
Ostersielzug
Bredstedt
K 35
Sönke-Nissen-Koog
Reußenkoog
3
Mühlenteich
L 12
Bordelumer Priel
Westersielzug
Osterrade
4 6

Alles auf einen Blick

WIE & WANN:
Kurze Strecken führen über Schotterstraße, die gut zu fahren ist. Für Anfänger geeignet. Beste Zeit: Das ganze Jahr interessant.

HIN & WEG:
Auto: Kostenloser Parkplatz am Stollberg (An der B 5), 25852 Bordelum (GPS: 54.644571, 8.945878)
ÖPNV: Mit der Bahn (RE 6 Hamburg-Altona nach Westerland/Sylt) bis Bahnhof Bredstedt, dann Bus 1025, 1026, 1027 von Bahnhof Bredstedt bis Stollberg

Entspannung ✱✱✱✱✱
Genuss ✱✱✱☆☆
Romantik ✱✱✱✱☆

ESSEN & ENTSPANNEN:
Eiscafé Gelato Gava ❻ Osterstraße 62, 25821 Bredstedt, Tel. (0 46 71) 6 03 23 93
Restaurant Norditeran ❼ Dorfstraße 12, 25852 Bordelum, Tel. (0 46 71) 9 43 67 33
Hofladen Marienhof ❽ Dorfstraße 20, 25852 Bordelum, Tel. (01 60) 94 67 07 59, www.dermarienhof.de

ENTDECKEN & ERLEBEN:
Naturerlebnisraum Stollberg ❶ Am Stollberg 1, 25852 Bordelum, www.nuknf.de
Raseneisenerz-Naturdenkmal ❷ Wachbargen, 25852 Bordelum
Solarfeld ❸ **Marktplatz** ❹ Markt, 25821 Bredstedt
Nordfriisk Instituut ❺ Süderstraße 30, 25821 Bredstedt, Tel. (0 46 71) 6 01 20, www.nordfriiskinstituut.eu
Heilquelle Bordelum ❾ Büttjebüller Kirchenweg 22–24, 25852 Bordelum
St.-Nikolai-Kirche ❿ Norderende 7, 25852 Bordelum, Tel. (0 46 71) 22 27
Bordelumer Heide ⓫ Heideweg, 25852 Bordelum

Verzierter Grabstein in Nieblum

- 41,9 Kilometer
- 70 Höhenmeter
- 6 Stunden
- Rundtour

Auf Föhr startet unsere Radtour direkt am **Fähranleger.** Und eines kann ich versprechen: Heute gibt es viele Möglichkeiten, Leckereien zu kaufen, zu probieren und zu entdecken. Nach Föhr kommen wir mit der Fähre aus Dagebüll. Die Verbindungen sind zu jeder Jahreszeit sehr gut. Trotzdem sollten wir uns vor unserer Überfahrt immer rechtzeitig erkundigen, ob sich an der Abfahrtszeit etwas ändert, denn auch im Sommer gibt es Sturmfluten, Niedrigwasser oder andere Ereignisse, die dazu führen, dass Fähren ausfallen oder verschoben werden.

Föhr ist von den nordfriesischen Inseln die größte und bevölkerungsreichste ohne direkte Straßen- oder Bahnverbindung aufs Festland. Da sie im Windschatten von Sylt und Amrum liegt, ist sie relativ geschützt und es konnte sich eine wundervolle Vegetation entwickeln. Durch den Einfluss des Golfstroms herrscht auf Föhr ein mildes Reizklima und die Bezeichnung „Friesische Karibik" hat sich mittlerweile herumgesprochen. Trotzdem gibt es auch hier immer Wind, manchmal mehr, manchmal weniger, aber die salzhaltige Luft tut Haut und Atemwegen sehr gut.

Föhr ist gut 8 Kilometer breit und 12,5 Kilometer lang und damit bestens dafür geeignet, mit dem Fahrrad erkundet zu werden. Vor allem, weil es unzählige Möglichkeiten für Einkehr, Pausen und Erlebnis gibt. Wer unterwegs die eine oder andere Köstlichkeit erwerben möchte, sollte große Taschen nicht vergessen.

Friesische Karibik

Rundtour auf der Insel Föhr

Verwöhntour 11

Föhr ist ein beliebtes Urlaubsziel und steht auch bei Tagesbesuchern sehr hoch im Kurs. Doch abseits der bekannten Sehenswürdigkeiten finden wir immer ein Plätzchen der Ruhe.

Nun geht es aber los mit unserer Verwöhntour. Wir radeln von der Fähre oder starten am Fähranleger, an der **Touristinformation** ❶ vorbei und folgen der Straße **Am Hafen.** Wir fahren am Hafenbecken vorbei, wo eine Sturmflutstele steht, lassen Wyk auf Föhr links liegen und radeln an der ersten Ampel links. Zwischen Parkplatz und Hauptstraße führt nun der Radweg entlang, dem wir folgen.

Sobald wir die Hauptstraße verlassen haben, wird es merklich ruhiger. Rechts öffnet sich nach kurzer Zeit die Landschaft und gibt den Blick über Felder frei, links säumen Reetdachhäuser den Weg. Kurz nach dem Hofcafé MeiMi biegen wir rechts in den **Siedlerweg** ein. Nach 200 Metern stehen wir vor der **Föhrer Saftmanufaktur** ❷. Angefangen mit sechs Obstbäumen im Jahr 2014 verfügt der Betrieb heute über 220 Bäume, die naturbelassen auf Streuobstwiesen wachsen. Es handelt sich hauptsächlich um Äpfel und Birnen, aber es gibt auch Kirschen, Mirabellen und Pflaumen. Sie werden nicht künstlich gedüngt oder gespritzt und im Frühjahr stellt ein ortsansässiger Imker Bienenvölker zur Bestäubung in die Wiesen. Neben Saft gibt es auch Mixgetränke. Die Getränke können wir vor Ort am Föhrer Saftautomaten erwerben.

__FöhrGreen__ ist ein Netz aus verschiedenen Akteuren, die sich die Erhaltung der Insel und Nachhaltigkeit auf die Fahnen geschrieben haben. Unterschiedliche Branchen haben sich zusammengetan, um gemeinsam viel zu erreichen. Dabei sind unter anderem die Saftmanufaktur, das Café im Apfelgarten und die Hinrichsen Farm.

Wir schwingen uns wieder in den Sattel, um zum nächsten süßen Stopp zu radeln. Wir fahren die Straße zurück und biegen dann rechts ab. Nachdem auf der rechten Seite der Remsweg erscheint, biegen wir den zweiten Weg links ab, es ist ein kleines Stück Schotterweg. Am Ende geht es wieder links, wir überqueren die Straße und folgen vor dem Sport- und Spielplatz dem Weg. Auf der linken Seite erblicken wir die **Wrixumer Mühle** ❸.

Die historische __Wrixumer Mühle__ ziert das Föhrer Wappen. Der Wrixumer Mühlenverein wurde 2016 ins Leben gerufen, nachdem die Gemeinde die Mühle erwarb, um finanziell, materiell und durch ehrenamtliche Einsätze die Mühle vor dem Verfall zu retten.

Wir biegen am Ende des Wegs rechts ab und am Ende der Straße wieder rechts. Wir überqueren die Straße und radeln geradeaus bis zum Ende, wo wir links auf **Ohl-Dörp** fahren. Dem Verlauf folgen wir gut 3 Kilometer, bis auf der linken Seite der Fahrradparkplatz erscheint. Die nächste Straße biegen wir links ab, und am Ende auf der Hauptstraße dann rechts. Wir stehen vor dem **Föhrer Snupkroom ④,** einem Süßwarengeschäft, in dem nicht nur Kinderaugen leuchten. Hier können wir zuschauen, wie Bonbons hergestellt werden, die wir in unzähligen Geschmacksvariationen kaufen können. Neben Bonbons gibt es Karamell und Lollies.

Unsere Tour führt uns weiter auf der Hauptstraße in die Dorfmitte, vorbei an Krögers Dörpkrog und der Oevenumer Backstube Mengels, hinter der wir kurz danach links in den **Mühlenweg** abbiegen. Diesem folgen wir bis zum Ende, dann biegen wir links ab auf den Radweg und fahren bis zur Kreuzung. Links sehen wir schon die rote Fahne des **Museums Kunst der Westküste ⑤.** Vor dem Gebäude führt ein kleiner Weg am Museum vorbei und zu den Fahrradstellplätzen. Hier stellen wir unsere Räder ab. In das Museum integriert ist Graetjens Gasthof, eine ursprüngliche Dorf-Gastwirtschaft, wo bereits im 19. Jahrhundert Künstler aus Deutschland einkehrten. Das gemeinnützige Museum hat der Unternehmer Frederik Paulsen gestiftet, dessen Familie aus Alkersum stammt. Das Museum hat keine Dauerausstellung, sondern bietet jährlich ein

Für die Seele

Föhr hat viele einsame Plätze, an denen wir lange Pausen einlegen können. Vor allem die Nordküste mit den traumhaften Salzwiesen ist einzigartig.

neues Programm. Es hat sich seit der Eröffnung 2009 zu einem renommierten Kunsttreffpunkt entwickelt und vermittelt die Themen „Meer und Küste“. Wir sollten unbedingt etwas Zeit für einen Aufenthalt einplanen.

Unsere Radtour führt nur ein paar Meter weiter. Wir biegen auf der Hauptstraße links ab und gleich wieder links in die Poststraße.

Fahren wir die Hauptstraße noch ein kleines Stück (Sichtweite) weiter, stehen wir vor dem **Hofladen Hartmann** **6**, der Föhrer Inselkäserei. Neben verschiedenen Käsesorten gibt es weitere Produkte aus eigener Herstellung, wie Quark, Butter, Joghurt, Aufstriche, Wurstspezialitäten und eine Milchtankstelle. Der Betrieb ist biozertifiziert und hat weitere ausgewählte Produkte im Angebot. Wir können hier sogar unverpackt einkaufen.

*Die Besitzer des **Weinguts Waalem** sind Pioniere des Weinbaus in Schleswig-Holstein. Erste Reben wurden 2009 angebaut und 2017 wurde das Gebäude im Stil des 19. Jahrhunderts fertiggestellt. Den Wein kann man unter anderem im Hofladen Hartmann erwerben.*

Zurück auf unserer Route fahren wir auf der Poststraße, der wir bis zur Kreuzung folgen und dann links in den **Norder-Meede-Weg** abbiegen. Jetzt kommen wir in die ruhige Gegend der Insel, wo auch in der Hochsaison nicht viele Menschen unterwegs sind. Wir radeln auf der langen Straße bis zum Ende und biegen dann links ab. Nach gut 1 Kilometer fahren wir rechts auf den Taften Mitswäi bis zum **Schafgatter.** Wir stehen am Deich und im nördlichen Teil der Insel. Die Salzwiesen hinter dem Deich wirken hier besonders wild und naturbelassen. Wir können vor oder hinter dem Deich radeln, nehmen aber bereits den ersten Übergang wieder, um den Deich zu überqueren, das Schöpfwerk zu passieren und die Küstenlinie Richtung Landesinnere danach zu verlassen.

Kurz nach dem Ortseingang von **Oldsum** halten wir uns links in die Büürjaat, deren Verlauf wir bis zur Hauptstraße Am Stig folgen. Wir biegen links ab und gleich wieder rechts in die Uaster Jaat, an deren Ende das **Café Im Apfelgarten** **7** wartet. Hier gibt es auf rustikalen Bänken unter Apfelbäumen unglaublich leckere Torten, Kuchen und eine große Auswahl an Tee. Dazu verschiedene Salate und große Eisbecher. Das 1994 eröffnete Café ist immer einen Stopp wert, auch wenn wir von all den bisherigen Leckereien schon mehr Kalorien zu uns genommen haben, als wir Kilometer geradelt sind.

Die Mühle in Oldsum

Unser Weg führt weiter geradeaus in den Sütjersstigh. Am Ende biegen wir links ab, vorher lassen wir den Blick aber nach rechts schweifen, wo wir die **Mühle Oldsum 8** entdecken. Sie kann nicht besichtigt werden, da sie sich in Privatbesitz befindet, ein schönes Fotomotiv ist sie aber allemal.

Kurz vor der Rechtskurve biegen wir links in den **Sarkstigh** ein und gegenüber von Karins Landcafé links in den Uasterslavswäii. Würden wir dem Hauptstraßenverlauf noch einen Kilometer folgen, dann kämen wir zur Hinrichsen Farm. Die Straßenbezeichnungen sind übrigens friesisch. Dem Verlauf folgen wir bis zum Greenhagstig, wo wir rechts abbiegen. Am Ende fahren wir links auf den Wolkendamm, bis zur **Lembecksburg 9**, die nach kurzer Zeit auf der linken Seite zu erkennen ist und unwirklich in dieser Landschaft wirkt.

*Die **Hinrichsens Farm** ist ein ökologischer Landwirtschaftsbetrieb zum Anschauen. Mit Streichelzoo, Café, Farmrestaurant und Hofladen. In der Farm Destillerie wird der erste Inselwhiskey aus heimischem Weizen hergestellt.*

Der Ringwall ist ein archäologisches Denkmal und liegt auf einem natürlichen Geestkern. Der 10 Meter hohe Wall hat einen gut 95 Meter messenden Innenraum. Bei Grabungen, die 1951/52 durchgeführt wurden, sind Hausgrundrisse freigelegt worden und zahlreiche Keramikscherben, Eisengeräte und Gefäße geborgen worden. Sie datieren den Wall in die Wikingerzeit (9./10. Jahrhundert). Derzeit finden wieder Ausgrabungen im Innenraum statt.

Wir verlassen den geschichtsträchtigen Ort, fahren geradeaus in den Borigwoi und biegen die erste Straße rechts ab. Wir radeln am **Adventure Golf** vorbei, um dann am Ende des Weges rechts abzubiegen. Nun sehen wir am Horizont schon die rote Backsteinkirche St. Laurentii, die unser nächstes Ziel ist.

Rund um die **St.-Laurentii-Kirche** ⑩ gibt es Abstellmöglichkeiten für Fahrräder und wir sollten einen Besuch unbedingt einplanen. Zwar kommen wir später noch durch Nieblum und können dort die bekannte Kirche St. Johannis auf Föhr anschauen, hier ist es aber wesentlich ruhiger und man kann vieles entdecken. Diese Kirche ist eher ein Geheimtipp und wird nicht von so vielen Menschen besucht. Aber auch hier gibt es die sprechenden Grabsteine, die man in Ruhe entdecken und lesen kann. Die unter Denkmalschutz stehenden Sandsteingrabplatten konnten sich früher

St. Johannis auf Föhr

Sprechende Grabsteine

nur wohlhabende Föhrer leisten. Die meisten wurden durch professionelle einheimische Steinmetze geschaffen und sie sind sehr aufwändig gestaltet worden. Manchmal wurden die Steine erst Jahre nach der Beerdigung aufgestellt, da die Fertigung einige Jahre in Anspruch nahm. Die Inschriften berichten vom Familien- und Berufsleben der Verstorbenen und von besonderen Ereignissen in deren Leben. Der älteste Stein ist auf 1604 datiert.

Um unsere Radtour fortzusetzen, nehmen wir den **Hoofstich**, die Straße, die gerade vom Kirchturm aus Richtung Westen führt. Dieser folgen wir bis zum Ende in Utersum. Dann biegen wir rechts ab und gleich wieder links in die Boowen Taarep. Wir radeln an Stefans Tortenmanufaktur vorbei und biegen kurz danach rechts in den Strunwai ein. Nach einigen Metern geht's links in den Klaf, an dessen Ende sich der **Strandparkplatz Utersum** befindet. Hinter den Dünen liegt das Strandrestaurant **Treibholz Föhr (11)**, von dem man einen wundervollen Ausblick hat, der bis Amrum und Sylt reicht. Hier ist ein Abendessen zu empfehlen, wenn man nicht unter Zeitdruck steht und die Fähre erreichen muss. Der Blick auf den Sonnenuntergang scheint auf jeden Fall nirgendwo schöner zu sein. Dazu einen bunten Fischteller oder gleich die Fischschüssel, den Klassiker Treibholz-Burger und zum Nachtisch eine Rote Grütze.

Unsere Reise führt uns weiter. Wir folgen der Straße und biegen nach der Linkskurve rechts ab. Von nun an wird es voller und wir begegnen wieder mehr Menschen.

Nach gut 200 Metern biegen wir links ab und gleich wieder rechts auf die Triibergem. In Sichtweite geht es links in Waaster Jügem, um dann auf der Hauptstraße rechts abzubiegen und dem Straßenverlauf zu folgen. Allerdings nur bis zur ersten Möglichkeit, wo man rechts abbiegen kann, da folgen wir dann dem Weg Wester Bergen. Wir nehmen den ersten Weg links, um dann in der nächsten Linkskurve dem Weg rechts zu folgen. Vor uns öffnet sich eine wundervolle Salzwiesenlandschaft.

Bei der zweiten Möglichkeit können wir rechts in den Schotterweg einbiegen und bis nach vorne am Strand fahren. Hier hat man den Eindruck, Amrum sei zum Greifen nahe.

Ansonsten radeln wir weiter durch die Salzwiesen, die vor allem im Juli/August zur Strandfliederblüte eine Augenweide sind. Wir folgen dem Weg an der Linkskurve und biegen kurz danach rechts ab. Vor dem Sandweg fahren wir dann links den „Berg" hoch. Hier ist auf der rechten Seite ein toller Picknickplatz mit kostenlosen Strandkörben. Und da wir etwas erhöht sind, ist der Ausblick besonders schön. Wir radeln eine Zeit lang geradeaus und rollen bis nach **Nieblum** hinein. Am besten suchen wir uns frühzeitig einen Platz, um die Räder abzustellen, wenn wir die **St.-Johannis-Kirche** ⓬ besuchen möchten, eine Runde bummeln oder eine leckere Waffel im Café Cappuccino essen wollen. Nieblum ist in den Sommermonaten sehr voll.

Ansonsten biegen wir an der Kreuzung des **Café Cappuccino** ⓭ rechts ab, fahren an der Föhrer Teestube & Café vorbei und biegen an der T-Kreuzung links ab. Wir radeln gut 2,5 Kilometer Richtung Wyk, am Flugplatz vorbei und folgen dem Straßenverlauf an der Linkskurve. Erst an der Hauptstraße geht es rechts, um dann einige Meter weiter auf der großen Kreuzung rechts auf die **Boldixumer Straße** abzubiegen. Kurz nach der Linkskurve biegen wir rechts in die Hafenstraße ein, an deren Ende der **Marktplatz** ⓮ von Wyk mit einem großen Fahrradstellplatz liegt. Hier können wir unsere Räder abschließen und zu einem Bummel oder Abschlussessen nach Wyk auf Föhr aufbrechen. Vorne in der Königstraße und am Sandwall finden sich zahlreiche Restaurants und Cafés.

Unsere Radtour endet hier. Der Fähranleger ist direkt in Sichtweite und wir können den Tag am Strand ausklingen lassen.

St. Johannis auf Föhr in Nieblum

Vorbei an traditionellen Reetdachhäusern

30
ZONE

Föhr
Wyk auf Föhr
Wrixum
Oevenum
Midlum
Alkersum
Nieblum
Goting
Borgsum
Witsum
Hedehusum
Utersum
Dunsum
Oldsum
Klintum
Toftum
Süderende
Ackerum
Föhrer Ley
Liinsand
Nordmannsgrund
Nationalpark Schleswig-Holsteinisches Wattenmeer
K 126
L 214
Neuhamsgraben
Osterflett
Wetterflett
Osterlandföhrer Sielzug
Westerlandföhrer Sielzug
Schöpfwerkskanal
Olersem Miadwai
Deichgraben
Borgsumer Arm
Sarkstig
Hoofstich
Alter Heideweg
Pastrückenweg
Wolkendamm
Rodedamm
Traumstraße
Klaf
Grevelingstieg
Fehrstieg
1
2
3
4
5
6
7
8
9
10
11
12
13
14

Alles auf einen Blick

WIE & WANN:
Überwiegend asphaltierte Wege. Für Anfänger geeignet.
Der Wind sollte nicht unterschätzt werden. Beste Zeit: Mai bis Oktober.

HIN & WEG:
Auto: Kostenpflichtiger Inselparkplatz Dagebüll, Fährhafenstraße 2, 25899 Dagebüll (GPS: 54.731934, 8.702276)
ÖPNV: Mit der NEG Bahn bis Bahnhof Dagebüll Mole, dann Fähre ab Dagebüll Mole (Wyker Dampfschifffahrts-Reederei, Fährhafenstraße 3, 25899 Dagebüll, www.faehre.de)

ESSEN & ENTSPANNEN:
Föhrer Saftmanufaktur ❷ Kreisstraße 1, 25938 Wyk auf Föhr, Tel. (0 46 81) 44 08, www.steensielhof-foehr.de **Föhrer Snupkroom** ❹ Wohlackerum 2, 25938 Oevenum, Tel. (0 46 81) 7 46 21 38, www.foehrersnupkroom.de
Hofladen Hartmann ❻ Hauptstraße 9, 25938 Alkersum, Tel. (0 46 81) 24 92, www.foehrer-inselkaese.de **Café Im Apfelgarten** ❼ Haus 86, 25938 Oldsum, Tel. (0 46 83) 8 98, www.imapfelgarten.de **Treibholz Föhr** ⓫ Klaf 2, 25938 Utersum, Tel. (0 46 83) 9 63 85 55, www.treibholz-foehr.de
Café Cappuccino ⓭ Jens-Jacob-Eschel-Straße 20, 25938 Nieblum, Tel. (0 46 81) 55 99

ENTDECKEN & ERLEBEN:
Touristinformation ❶ Am Fähranleger 1, 25938 Wyk auf Föhr, Tel. (0 46 81) 3 00, www.foehr.de **Wrixumer Mühle** ❸ Hardesweg 54, 25938 Wrixum
Museum Kunst der Westküste ❺ Hauptstraße 1, 25938 Alkersum, Tel. (0 46 81) 74 74 00, www.mkdw.de **Mühle Oldsum** ❽ Toftum 190, 25938 Oldsum
Lembecksburg ❾ **St.-Laurentii-Kirche** ❿ Süderende 2, 25938 Süderende, Tel. (0 46 83) 3 50, www.st-laurentii.de **St.-Johannis-Kirche** ⓬ Karkstieg, 25938 Nieblum **Marktplatz** ⓮ Hafenstraße, 25938 Wyk

Entspannung ★★★★☆
Genuss ★★★★★
Romantik ★★★★☆

- 28 Kilometer
- 30 Höhenmeter
- 2,5 Stunden
- Rundtour

Lupinen im Bauerngarten

Grüne Halbinsel

Von Garding ins Herz Eiderstedts

Eine Leckereientour quer durch das Herz der **Halbinsel Eiderstedt** erwartet uns. Eiderstedt ist gut 30 Kilometer lang und 15 Kilometer breit. Ursprünglich bestand die Region aus zwei Inseln und einer Halbinsel. Durch Landgewinnung, Eindeichung und Zusammendeichungen wurde es die heutige Halbinsel. Der ehemalige Meeresboden, auf dem wir heute radeln, ist sehr fruchtbar und für die Landwirtschaft ertragreich.

Auf Eiderstedt wird Tradition gelebt. Trachtentänze, Biikebrennen, Boßeln oder Klootstockspringen gehören in Nordfriesland zum Jahreskalender. Der Boßelsport wird auch in Ostfriesland ausgetragen. Dabei wird eine Kugel so weit wie möglich geschleudert und die Mannschaft, die zuerst eine bestimmte Strecke zurückgelegt hat, gewinnt.

*Das **Biikebrennen** ersetzt in Nordfriesland das Osterfeuer und wird jährlich am 21. Februar in vielen Orten gefeiert. Auf den Inseln wurden damit die Walfänger verabschiedet, auf dem Festland sollte es böse Geister vertreiben.*

Unser Startpunkt ist der **Parkplatz am Bahnhof** von Garding bei Edeka oder Netto. Optisch nicht gerade die beste Wahl, für die Anreise aber mit Sicherheit, denn am Ende des Parkplatzes ist das Wartehäuschen des Bahnsteigs von Garding zu erkennen. Wir stehen auf dem Bahnhofsparkplatz von Garding und kommen mit dem Zug von Husum oder St. Peter-Ording hier an.

Mit Getränken können wir uns hier eindecken, vielleicht auch noch mit einem Snack, unterwegs wird es aber genügend Möglichkeiten zur Einkehr geben.

Wir radeln vom Parkplatz aus rechts, um dann auf der Hauptstraße links abzubiegen. Nun herrscht mehr Verkehr, daher ist es ratsam, den Radweg zu nutzen,

Im Stadtwald von Garding

der auf der rechten Straßenseite liegt. Am Ortsende oder besser Ortseingang von **Kirchspiel Garding** biegen wir rechts in den Kirchkoogweg ein. Nach einigen Metern kommen wir am Gardinger **Stadtwald** ❶ vorbei, wo es sich wunderbar picknicken lässt. In den kleinen hellgeben Häuschen gibt es auch Toiletten oder die Möglichkeit, die Wasserflaschen aufzufüllen.

Wir folgen der Straße weiter und biegen dann bei der ersten Möglichkeit links in den **Marneweg** ein. An dessen Ende geht es rechts. Wir bleiben auf dem Weg, dann stehen wir am Sankt Johanniskoog Ring. Auf der linken Seite sehen wir den **Gedenkstein** ❷ zum Tornadoabsturz. 2004 stießen zwei Tornados über Garding zusammen, zwei Soldaten starben, zwei weitere konnten sich mit dem Schleudersitz und Fallschirm retten. Sie absolvierten einen Übungsflug und berührten sich in der Luft wohl unglücklich.

Bei **Marmeladen wie von Mutti** ❸ lohnt es sich anzuhalten und zu schauen, was im Angebot ist. Das Angebot reicht von leckeren Fruchtgelees über Liköre zu frischen Eiern.

Wir fahren nach links gut 300 Meter, bis wir das **Café De Kohstall** ❹ rechts entdecken. Hier gibt es neben leckeren deftigen Gerichten wie Bratkartoffeln oder Matjes auch diverse Kuchen. Ein Highlight ist aber das

Mehlbeutelessen, das jeweils am ersten Sonntag des Monats stattfindet. Es lohnt sich, die Tour nach diesem Termin zu planen und an dem besonderen Essen teilzunehmen.

Unsere Tour führt in Fahrtrichtung weiter und wir folgen dem Ring bis zur **Dorfstraße.** Hier überqueren wir die Straße und biegen geradeaus in die Blaue Reihe ein. Am Straßenende geht es links und gleich wieder rechts. Dem Verlauf folgen wir gut 4,5 Kilometer, bis wir auf die Marschchaussee stoßen. Hier biegen wir links ab und radeln direkt auf die **Friesische Schafskäserei** 5 zu. Der Biolandbetrieb wurde 2009 vom Bundesverbraucherministerium als einer von 200 Biohöfen in Deutschland zum „Demonstrationsbetrieb des ökologischen Landbaus" ernannt. Ziel des Projektes ist es, Verbrauchern, Schulklassen oder Händlern zu zeigen, wie Ökolandbau in der Praxis funktioniert. Regelmäßig werden auch Führungen angeboten.

Familie Volquardsen ist es wichtig, dass Besucher sehen, wie Tiere artgerecht gehalten werden und Käse hergestellt wird. Gut 130 ostfriesische Milchschafe bilden die Grundlage des Hofes. Die Milch wird in der kleinen Käserei in Handarbeit verarbeitet. In den Monaten Februar bis Oktober gibt es zehn verschiedene Käsesorten, von Frisch- über Weich- bis Schnittkäse. Neben Käse gibt es noch Lammspezialitäten sowie Schaffelle zu kaufen.

Wir verlassen die Käserei, fahren links und folgen dem Verlauf auch an der Rechtskurve. Danach können

***Mehlbeutel** sind ein traditionelles Gericht der Region. Hierbei wird ein Rührteig in einem Tuch im Wasserbad gegart. Danach wird er in Scheiben geschnitten und zu Kasslernacken und Schweinebacke gereicht. Darüber wird noch Kirschsoße gegossen.*

Für die Seele

Das erwartet uns: enorme Kuchenauswahl, richtig große Tortenstücke und die wundervolle Weite Eiderstedts.

wir eine Kaffeepause einlegen, denn wir stehen vor dem **Café im Theatrium 6.** Hier speist man wie bei Oma und Opa. In der guten Stube gibt es Häkeldeckchen und im Außenbereich Strandkörbe. Die Atmosphäre ist sehr schön und die Kuchenauswahl groß. Vor allem die Trümmertortenvariationen sind lecker. In anderen Regionen Deutschlands ist sie unter den Namen Himmelstorte, Blitztorte oder Hansen-Jensen-Torte bekannt.

*Die **Trümmertorte** ist absolut typisch für die Region und das Rezept relativ simpel. Trümmertorte heißt sie, weil die Baiserschicht mit Mandeln aussieht wie kleine Trümmerberge. Oder weil man sie nicht richtig schneiden kann, ohne sie zu zertrümmern? So sicher ist die Namensherkunft nicht. Gefüllt ist sie jedenfalls mit Früchten und Sahne.*

Hier in **Tetenbüll,** wie an unzähligen anderen Orten in Nordfriesland, werden im Sommer die Lanzen aus den Garagen geholt, denn es beginnt die Ringreitsaison. Dabei geht es darum, auf einem Pferd sitzend im Galopp mit der Lanze einen Ring aufzuspießen. Der Ring ist allerdings nicht größer als eine Zwei-Euro-Münze. Der Ringreiterverein Tetenbüll gehört zu den ältesten der Region und wurde 1905 gegründet. Schon vor der Gründung wurde hier das Ringreiten aktiv betrieben, ein Schriftstück markiert 1860 als Traditionsbeginn. Es lohnt sich, nach Plakatankündigungen zu schauen, um gegebenenfalls an einem Ringreitspektakel teilzunehmen. Das Zuschauen ist ein Erlebnis, die Stimmung unvergesslich. Die Ringreitturniere finden auf unterschiedlichen Wettkampfebenen statt und es werden verschiedene Pokale ausgelobt. Besonders beliebt ist der abschließende Festumzug, bei dem die neue Königin oder der neue König sich präsentieren und das Pferd einen Eichenlaubkranz umgehängt bekommt.

Die nächste Attraktion wartet nur ein Stück weiter. Dafür fahren wir die Straße ein paar Meter geradeaus und halten uns dann rechts. Kurz hinter der Linkskurve stehen wir vor dem **Haus Peters 7,** einem historischen Kaufmannsladen von 1820. Die Möbel des ehemaligen Kolonialwarenladens sind original erhalten und neben einem kleinen kostenlosen Museum ist Haus Peters Galerie und Laden zugleich. Es gibt regelmäßig Kunstausstellungen und andere Veranstaltungen. Im Giebel befindet sich das einzigartige Horst-

Die Kirchentür
in Tetenbüll

Janssen-Zimmer mit Exponaten von ihm. Janssen war ein deutscher Grafiker, Autor und Zeichner. Er galt als einer der produktivsten Künstler des 20. Jahrhunderts und 1968 zeichnete ihn die Biennale in Venedig mit dem Graphikpreis aus.

Auch der Bauerngarten ist einen Besuch wert, denn typische Stauden der Region, Sommerblumen und eine Sammlung historischer Rosen machen ihn besonders.

Gegenüber von Haus Peters steht die **Kirche St. Anna ⑧,** die einige kunsthistorische Schätze birgt. Darunter unter anderem einen spätgotischen Schnitzaltar von 1523/24, einen Taufsandstein von 1596 oder eine Kanzel von 1675 mit barocker Bemalung. Die Namenspatronin ist die Heilige Anna, die Großmutter Jesu. Eine erste Kirche aus Holz soll laut Chroniken bereits 1113 an Ort und Stelle erbaut worden sein.

Wir folgen der Straße weiter, biegen am Ende rechts ab und gleich wieder links. Nach nur 100 Metern folgen wir links dem **Leegeseer Weg** und an der Hauptstraße fahren wir dann rechts. Nach gut 1 Kilometer radeln wir links in den Norderweg, biegen nach wenigen Metern in den Pastoratsweg ein und überqueren die B 202, um gegenüber dem **Stolthusener Weg** zu folgen. Hier sind wir wieder abseits von Hektik und Lärm und können gemütlich die nächsten 3 Kilometer fahren und die Landschaft genießen. Erst dann biegen wir rechts ab und nach 1 Kilometer fahren wir links in Schmaler Weg. Kurz darauf halten wir uns wieder rechts und rollen bis in die Ortschaft Welt. Das **Welt-Café ⑨** sollte nicht verpasst werden. Es liegt an der Hauptstraße und wir erkennen es am kleinen Welter Leuchtturm vor der Tür. Die historische Alte Meierei ist herausgeputzt worden und jetzt können wir hier leckere, selbst gebackene Torten genießen. Es gibt sogar eine Torte, die extra für das Café entworfen wurde: Die Welt-Café-Torte aus weißer Schokolade mit Nougat und Karamell.

Unsere Verwöhntour ist nun fast am Ende. Wir verlassen das Café und biegen links ab Richtung Garding. Kurz vor Ortseingang liegt auf der rechten Seite noch der **Landladen Kühl ⑩,** wo wir uns mit weiteren Leckereien eindecken können. Der Hofladen wurde im ehemaligen Kälberstall erreichtet. Dort finden wir zahlreiche Produkte aus eigener Herstellung. Darunter diverse Fruchtaufstriche, Biogemüse, Lammfleisch, verschiedene Käseprodukte, Lammfelle und Dekoartikel. Im Sommer gibt es hier ein Maislabyrinth. Der kleine Pausenplatz vor dem eindrucksvollen Haubarg, einem Bauernhaus, birgt schöne Schattenplätze.

Nun sind es nur noch wenige Meter, dann fahren wir über die Gleise, sehen rechts den Bahnhof von **Garding** und geradeaus unseren Parkplatz.

Im Landladen Kühl finden sich regionale Spezialitäten

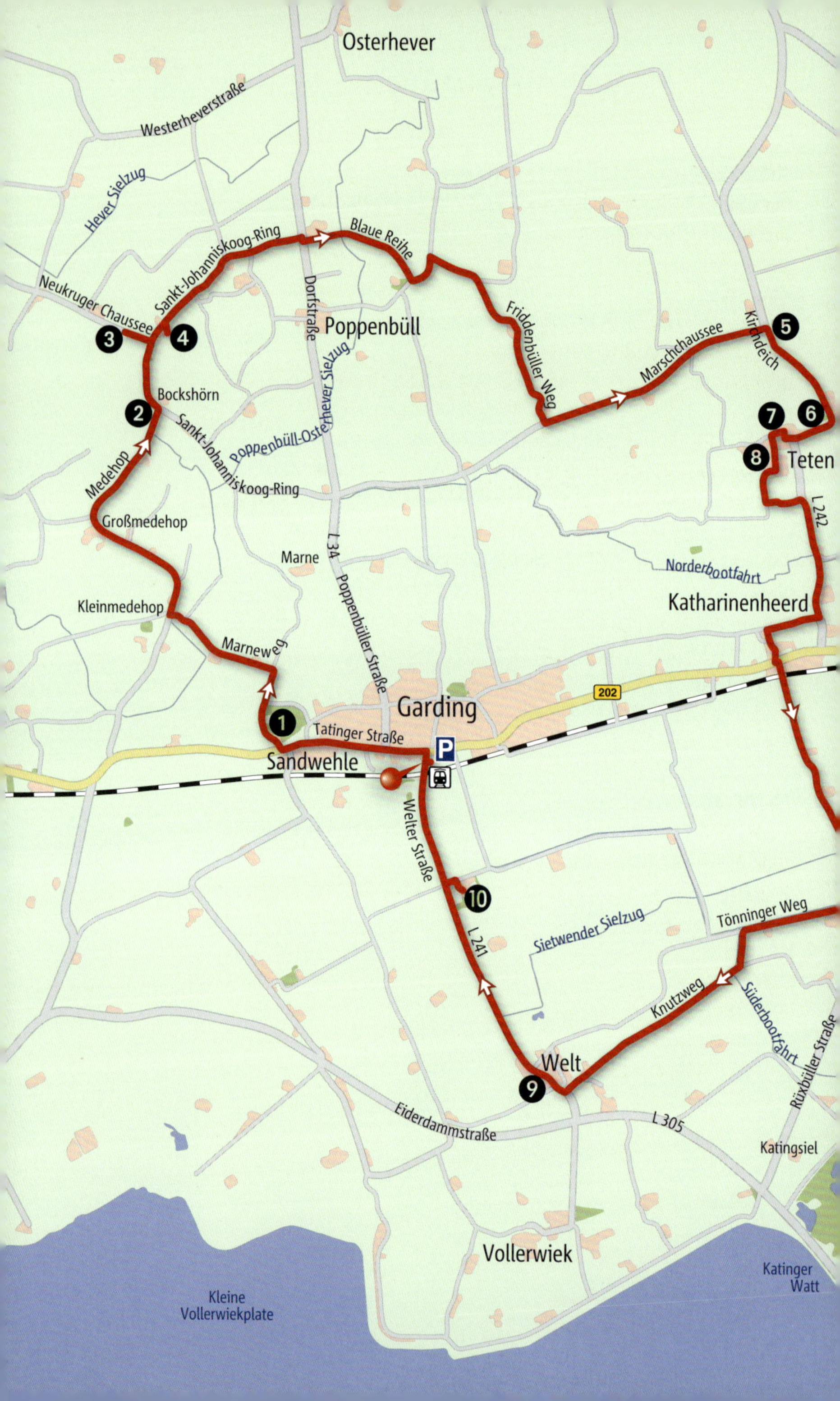

Osterhever
Westerheverstraße
Hever Sielzug
Neukruger Chaussee
Sankt-Johanniskoog-Ring
Blaue Reihe
Dorfstraße
Poppenbüll
Poppenbüll-Osterhever Sielzug
Friddenbüller Weg
Marschchaussee
Kirchdeich
Teten
Bockshörn
Medehop
Großmedehop
Sankt-Johanniskoog-Ring
Marne
L 34
Poppenbüller Straße
L 242
Norderbootfahrt
Katharinenheerd
Kleinmedehop
Marneweg
Garding
202
Tatinger Straße
Sandwehle
Welter Straße
L 241
Sietwender Sielzug
Tönninger Weg
Knutzweg
Süderbootfahrt
Rüxbüller Straße
Welt
Eiderdammstraße
L 305
Katingsiel
Vollerwiek
Kleine Vollerwiekplate
Katinger Watt

Alles auf einen Blick

WIE & WANN:

Asphaltierte Wege. Für Anfänger sehr gut geeignet. Beste Zeit: April bis Oktober, aber auch im Winter möglich.

HIN & WEG:

Auto: Kostenloser Parkplatz an den Supermärkten, Welter Straße, 25836 Garding (GPS: 54.326583, 8.777623)
ÖPNV: Mit der Bahn (RE 64 Husum nach St. Peter-Ording) bis Bahnhof Garding

ESSEN & ENTSPANNEN:

Marmeladen wie von Mutti ❸ Neukruger Chaussee, 25836 Poppenbüll
Café De Kohstall ❹ Sankt-Johanniskoog-Ring 14, 25836 Poppenbüll, Tel. (0 48 62) 10 28 40, www.de-kohstall.de
Friesische Schafskäserei ❺ Kirchdeich 8, 25882 Tetenbüll, Tel. (0 48 62) 3 48, www.friesische-schafskaeserei.de
Café im Theatrium ❻ Karkenstraat 13, 25882 Tetenbüll, Tel. (0 48 62) 2 01 13 83, www.cafe-theatrium.tetenbuell.com
Welt-Café ❾ Dorfstraße 7, 25836 Welt, Tel. (0 15 22) 7 35 27 53
Landladen Kühl ❿ Hülkenbüll 2, 25836 Garding, Kirchspiel, Tel. (0 48 62) 3 39, www.landladen-kuehl.de

ENTDECKEN & ERLEBEN:

Stadtwald Garding ❶ Kirchkoogweg 14, 25836 Garding, Kirchspiel
Gedenkstein ❷ Sankt-Johanniskoog-Ring 7, 25836 Poppenbüll
Haus Peters ❼ Dörpstraat 16, 25882 Tetenbüll, Tel. (0 48 62) 6 81, www.hauspeters.info
Kirche St. Anna ❽ Karkenstraat, 25882 Tetenbüll

Entspannung ★★★★☆
Genuss ★★★★★
Romantik ★★★☆☆

Nordstrand lässt sich wunderbar mit dem Rad entdecken

- 37,1 Kilometer
- 30 Höhenmeter
- 3,5 Stunden
- Rundtour

Insel an Land

Quer über Nordstrand

Der erste kulinarische Genuss begegnet uns schon am Parkplatz. Das **Fisk ahoi** ❶ ist mehr als eine Fischbrötchenbude. Von den Inhabern des Restaurants Nordliteran in Bordelum konzipiert, ist vor allem das Frühstück absolut zu empfehlen. Eine Reservierung ist unbedingt notwendig. Vielleicht sollten wir uns aber auch noch etwas zurückhalten, denn satt werden wir auf dieser Tour auf jeden Fall.

Wir starten die Tour und fahren nach links über den Deich. Hier ist der Lorendamm zur **Hallig Nordstrandischmoor** ❷ zu entdecken und mit viel Glück sogar eine Lore, die gerade fährt. Loren sind für die 18 Bewohnerinnen und Bewohner der Hallig sehr wichtig, denn sie sind die einzige Verbindung zum Festland. Die Hallig bildete vor der großen Burchardiflut 1634 gemeinsam mit Pellworm und Nordstrand die untergegangene Insel Strand. Sie ist heute 1,9 Quadratmeter groß, hat vier Warften, die kleinste Schule Deutschlands und eine Gaststätte.

Nun geht es aber endlich los. Wir halten uns vorne am Deich bis zum **Holmer Siel,** kurz hinter dem Hundestrand, und dann sind wir schon auf Nordstrand.

Nordstrand ist heute eine eingedeichte Halbinsel, die mit dem Slogan: „Mien Insel an Land" wirbt. Früher war Nordstrand Teil der Insel Strand, die durch harte Sturmfluten auseinandergerissen wurde. Der Hauptort war die Stadt Rungholt, die 1362 in den Fluten versank und die Insel Strand danach hufeisenförmig zurückließ. Rungholt war eine sehr reiche Stadt,

*Tausende **Ringelgänse** sind in der Zeit von Februar bis Mai im Biosphärenreservat Halligen zu Besuch. Die Veranstaltungsreihe der Ringelganstage soll dazu beitragen, dieses Naturphänomen bekannter zu machen und die Schutzgebiete der Halligen und des Wattenmeeres in den Fokus zu rücken. www.ringelganstage.de*

*Ein **Siel** dient der Entwässerung des Hinterlandes. Es ist ein verschließbarer Gewässerdurchlass im Deich. Der Begriff stammt vermutlich aus dem Friesischen und bezeichnet die Stelle, wo das Wasser ausfließen kann.*

die durch den Salzabbau und fruchtbares Marschland zu den bedeuteten Städten der Westküste gehörte. Die große Burchardiflut 1634 riss schließlich die Reste der Insel auseinander. In nur einer Orkanstunde gingen mehr als 1300 Häuser in den Fluten unter und mehr als 6000 Menschen starben.

Nach dieser Flut blieben Pellworm, die Hallig Nordstrandischmoor und Hallig Nordstrand übrig. Viele Einwohner verließen Nordstrand und ließen sich in den Niederlanden oder an anderen Orten nieder. Über 20 Jahre mühten sich die Bauern ab und versuchten die Hallig einzudeichen, aber erst mit eingewanderten Deichbauarbeitern gelang das Projekt. 1654 begann die Bedeichung und nach fast vier Jahrhunderten wuchs die heutige Halbinsel Nordstrand zusammen. Auf der westlichen Halbinselseite liegt der Fährhafen Strucklahnungshörn, von dem aus die Fahrzeug- und Personenfähre nach Pellworm ablegt. Außerdem fahren regelmäßig Ausflugsschiffe in die nordfriesische Insel- und Halligwelt.

Pharisäerhof

Wir nehmen den dritten asphaltierten Übergang beim Nordstrand-Camping, um das Wattenmeer zu verlassen und die Halbinsel zu erkunden. Auf der anderen Deichseite lassen wir den Campingplatz links liegen und folgen der Straße Oben nach **England ③**, einem Ortsteil der Gemeinde Nordstrand. Nein, das ist kein Druckfehler. Er heißt wirklich so.

Wir radeln an kleinen und wundervollen Reetdachhäusern vorbei und biegen nach gut 3 Kilometern links ab. Es geht zum **Pharisäerhof ④.** Hier treffen wir auf Tradition, und eine ganz besondere Spezialität hat an diesem Ort seinen Ursprung: der Pharisäer! Der

Hof entstand 1711 und wird seit Generationen im Familienbesitz geführt. Neben dem Restaurantbetrieb und Hofcafé gibt es auch modern eingerichtete Zimmer. Darüber hinaus wird Eis hergestellt. Seit 2013 gibt es die erste Nordstrander Eismanufaktur und man findet die MUKU-Sorten in vielen Restaurants an der Westküste.

Was aber ist denn nun ein Pharisäer? Es ist Kaffee mit Rum, Zucker und viel Schlagsahne. 1872 fand in diesem Haus eine Taufe statt. Der anwesende Pastor hatte den Gästen den Alkoholgenuss verboten. Der damalige Besitzer, Bauer Peter Georg Johannsen, war aber sehr gewitzt und ließ viel starken, süßen Kaffee aufbrühen. Es kam ein Schuss Rum hinein und die große Sahnehaube drauf, damit sich der Rumduft nicht entfalten konnte. So bekam der Pastor nichts mit und es wurde ein fröhliches Tauffest. Leider reichte man dem Pfarrer aus Versehen zu später Stunde auch einen mit Rum versetzten Becher und dieser war

Für die Seele

Unterschiedliche Spezialitäten streicheln den Gaumen, dazu gibt es einzigartige Ausblicke in die Weite der Halbinsel und über die Husumer Bucht.

entsetzt. „Oh, ihr Pharisäer", meckerte er laut und der Name für das Getränk war geboren. Noch heute wird er hier nach dem Originalrezept zubereitet. Man sollte allerdings mit dem Genuss etwas vorsichtig sein, denn der Alkohol kann zu Kopf steigen.

Nach dem Aufenthalt fahren wir die kurze Stichstraße zurück, biegen links ab und radeln nach wenigen Metern wieder links auf den Moordeich. Geradeaus ist die **Nordstrander Inselmelk ⑤,** wo wir frische Milch selbst abfüllen können. Flaschen in verschiedenen Größen stehen parat.

Wir folgen dem **Moordeich** in Richtung Süden gut 5 Kilometer. Viele Reetdachhäuser begleiten uns auf dem Weg, eines schöner als das andere. Am Ende halten wir uns links und dann gleich wieder links in die **Tegelistraat.** Nach wenigen Metern stehen wir vor der imposanten **Engelmühle ⑥.** Ein Gourmet-Café mit viel Flair, in dem meisterlich diverse Variationen aus Chocolaterie und Tradition hergestellt werden. Vor allem die von der hohen Schule der Patisserie bekannten „Petits Fours" – „Kleine Stückchen" machen den Aufenthalt besonders.

Wir begeben uns wieder in den Sattel, verlassen die Mühle nach rechts und biegen dann gleich links ab. Auf der rechten Seite ist der **Sportboothafen Süderhafen,** wir radeln vor den Deich und folgen dem Weg bis zum ersten Übergang, den wir dann auch nehmen, um uns hinter den Deich zu begeben. Wir folgen der Straße Kolonat und biegen an deren Ende rechts ab. Kurz danach geht es wieder rechts in die **Pohnshalligkoogstraße,** deren Verlauf wir bis zum Parkplatz am **Nordstrander Damm ⑦** folgen.

Bevor wir den Damm überqueren, machen wir aber erst noch einen Abstecher zurück und biegen rechts ein Richtung Hofladen. Ohne einen Besuch im **Hofladen Baumbach ⑧** geht es nicht auf Nordstrand. Der Hofladen der Schäferei Baumbach befindet sich direkt am Weltnaturerbe. Man bekommt das ganze

*Die **Nordstrander Töpferei** ist eine der größten Manufakturen im Norden und verbindet traditionelle Gebrauchskeramik mit modernen Eigenschaften. Seit über 30 Jahren werden hochwertige Tonerzeugnisse hergestellt, die man im Shop bewundern und kaufen kann.*

Am Meer finden wir immer ein Plätzchen für eine Pause

Jahr über frisches Lammfleisch und Wurstspezialitäten aus der eigenen Gallowayrinderzucht. Darüber hinaus finden sich auch verschiedene, eigens kreierte Fertiggerichte von Lamm und Rind sowie Schafs- und Ziegenkäseprodukte. Besonders das Lammgulasch im Glas und das Corned Beef sind zu empfehlen. Auch die Bekleidungsauswahl von hochwertigen Wollprodukten ist unschlagbar und wer dann noch etwas Platz in der Satteltasche hat, kann sich mit Pflegeprodukten aus Schafmilch eindecken.

Aber unsere Verwöhntour ist noch nicht am Ende. Vom Hofladen machen wir uns auf in Richtung Damm, den wir dann auch überqueren. Ein unglaublicher Ausblick belohnt uns, falls wir gegen den Wind strampeln müssen.

Am Ende des Dammes biegen wir auf dem Festland links in die **Dorfstraße** ein, um dann nach gut 400 Metern links in den Deichweg zu fahren. Diesem folgen wir einige Kilometer bis zur Arlau-Schleuse, dabei bleibt der Deich immer links an unserer Seite. Wir radeln mitten durch die **Hattstedtermarsch 9,** die schon im Jahre 1500 durch die Eindeichung zweier Köge entstanden ist. Sie liegt sehr tief und ist auf die Entwässerung des Holmer- und Lüttmoorsiels angewiesen.

Unser nächster Stopp ist das **Restaurant Arlau-Schleuse 10,** das allein in der Landschaft liegt. Im dortigen Restaurant Deichgraf kann man bei schönem Wetter auf der Terrasse sitzen und den wundervollen Weitblick genießen. Neben typischen Gerichten wie Sauerfleisch, Lammgerichten oder Matjesfilet gibt es auch Rote Grütze und eine ziemlich große Kuchenkarte.

Nun wird es Zeit für die Rückfahrt. Wir lassen das Restaurant Arlau-Schleuse rechts liegen und folgen dem Weg für einige Kilometer bis zur Kreuzung am **Cecilienkoog.** Hier biegen wir links ein und fahren die letzten 4 Kilometer wieder durch den Beltringharder Koog bis zum **Parkplatz Lüttmoorsiel.**

Blick vom Plateau der Naturschutzausstellung bis Husum

Beltringharder Koogsee
Struckum
Cecilienkoog
Koogchaussee
Desmerciereskoog
L 278
Moorsteert
Lüttmoorsee
H
Lüttmoordamm
P
Hattstedter Koog
1
2
Nordkoog
Arlau
Feddersburg
Hattstedtermarsc
10
9
Jelstrom
Salzwasserlagune
Sterdebüll
Deichweg
Arlau-Speicherbecken
Holmer See
Beltringharder Koog
Wobbenbü
L 30
Oster-Sielzug
Rhynschlot Ost
Pohnshalligkoogstraße
7
Altendorfer Stra
Westersielzug
K 68
Elisabeth-Sophien-Koog
8
Halebi
Morsumkoog
Pohnshalligkoog
4
5
3
L 30
Englandloch
Hammchaussee
Nordstrand
Moordeich
Lieth-Sielzug
6
Nationalpark Schleswig-Holsteinisches Wattenmeer
Evensbüller Chaussee

Alles auf einen Blick

WIE & WANN:
Alle Wege sind asphaltiert. Für Anfänger sehr gut geeignet.
Beste Zeit: April bis Oktober.

HIN & WEG:
Auto: Parkplatz an der Badestelle Lüttmoorsiel, 25821 Reußenköge
(GPS: 54.561205, 8.872423)
ÖPNV: Mit der Bahn (RE 6 Hamburg-Altona nach Westerland/Sylt) bis Bahnhof Bredstedt, dann Bus 1028 von Bahnhof Bredstedt bis Reußenköge/Cecilienkoog

ESSEN & ENTSPANNEN:
Fisk ahoi ❶ Beltringharder Koog 3, 25821 Reußenköge
Pharisäerhof ❹ Elisabeth-Sophien-Koog 3, 25845 Nordstrand, Tel. (0 48 42) 3 53, www.pharisaeerhof.de
Nordstrander Inselmelk ❺ Moordeich 72, 25845 Nordstrand, Tel. (0 48 42) 9 00 75 23, www.inselmelk.de
Engelmühle ❻ Süderhafen 15, 25845 Nordstrand, Tel. (0 48 42) 2 14, www.engelmuehle.de
Hofladen Baumbach ❽ Pohnshalligkoogstraße 1, 25845 Nordstrand, Tel. (0 48 42) 4 95, www.lammfleisch.de
Hotel Arlau-Schleuse ❿ Hattstedter Koog 43, 25856 Hattstedtermarsch, Tel. (0 48 46) 6 99 00, www.nordsee-hotel-arlau-schleuse.de

ENTDECKEN & ERLEBEN:
Hallig Nordstrandischmoor ❷
Ortsteil England ❸
Nordstrander Damm ❼
Hattstedtermarsch ❾

Entspannung ✱✱✱✱✱
Genuss ✱✱✱✱✱
Romantik ✱✱✱✱✱

Das Storm-Haus in Husum

- 48,9 Kilometer
- 180 Höhenmeter
- 6 Stunden
- Rundtour

Das Hauptaugenmerk bei dieser Verwöhntour liegt auf dem Käse! Es wird also eher deftig, was nicht bedeutet, dass ein guter Kaffee und ein Stück Kuchen oder Torte ausgelassen werden. Das mag man in Nordfriesland nicht unbedingt erwarten, aber es gibt wundervolle Käsehersteller in dieser Region und einige von ihnen werden wir heute besuchen. Es gibt übrigens auch eine Käsestraße in Schleswig-Holstein, die über 500 Kilometer quer durchs Bundesland führt.

Husum als Kreisstadt Nordfrieslands hat eine Menge zu bieten, nicht nur kulinarisch. Der Schriftsteller Theodor Storm wurde in Husum geboren und begegnet uns heute noch an fast jeder Ecke. Während er Husum als „graue Stadt am Meer" beschrieben hat, zeigt sich der Ort heute als bunt, offen und kreativ. In der Wasserreihe 31 steht das **Storm-Haus** ❶, in dem der Dichter von 1866 bis 1880 gewohnt hat. Das alte Kaufmannshaus ist heute ein Theodor-Storm-Museum. Neben vielen Wohnräumen ist auch sein Schreibtisch mit vier Eulen zu bestaunen, die einst Emil Nolde schnitzte. Hier hat Storm die Novelle „Der Schimmelreiter" fertiggeschrieben. Neben wechselnden Ausstellungen sind die Dauersammlungen „Storm: Leben und Werk" sowie „Der Schimmelreiter" zu besichtigen.

Die Husumer Stadtgeschichte reicht bis 1342 zurück, als sich nach einer starken Sturmflut eine schiffbare Verbindung zum Meer entwickelte. 1409 wurde Husum erstmals urkundlich erwähnt und später zu einem großen Umschlaghafen. Eines der eindrucks-

*Auf 34 Stationen verbindet der **Husumer Kulturpfad** in der Stadt Husum historische Gebäude, Storm-Stätten, Wohnhäuser und Museen. Die Strecke ist in der Freizeitbroschüre aufgeführt und in der Touristinformation erhältlich.*

Storms Heimat

Eine Rundtour ab Husum

Schloss vor Husum

vollsten Bauwerke ist das **Schloss vor Husum ②**, das zu seiner Erbauungszeit 1577 bis 1582 vor der Stadtgrenze Husums lag. Es ist das einzige erhaltene Schloss an der schleswig-holsteinischen Westküste, auf dessen Gelände früher große Viehmärkte abgehalten wurden.

Vor allem im Frühjahr ist der Schlosspark einen Besuch wert, dann blühen über 4 Millionen Krokusse und verwandeln den Park in ein lilafarbenes Naturschauspiel. Die wild wachsende Pflanzenart kommt aus dem südlichen Europa und ist hier seit mehreren Hundert Jahren angesiedelt.

Ein Tipp gleich zu Beginn: Vor der Radtour lohnt ein Besuch oder Frühstück im **Künstlercafé Husum ③**. Das liebevoll gestaltete Café mit französischem Touch sorgt mit kreativen und leckeren Frühstücksplatten für einen Wow-Effekt. Dazu gibt es eine wechselnde Mittagskarte und eine wundervolle Auswahl an Tartes, die mit hochwertigen Zutaten hergestellt werden. Ein Besuch im Künstlercafé fühlt sich an wie ein Urlaubstag in Frankreich.

Nun satteln wir aber das Rad und schauen, dass wir aus der Stadt herauskommen. Dafür überqueren wir erst die Straße vor dem Bahnhof und fahren dann links auf die **Poggenburgstraße** und dann gleich links in die Unterführung der Wilhelmstraße. Die erste Straße nach der Überführung der Bahngleise ist die Beselerstraße. Hier fahren wir hinein und folgen dem Verlauf bis zum Ende gut 2 Kilometer. Hinter der kleinen Unterführung biegen wir rechts in den **Schockedahlerweg**

*Das **Krokusblütenfest** ist ein farbenfrohes Stadtfest, das in jedem Frühjahr stattfindet. Am verkaufsoffenen Sonntag wird die Krokusblüten-Majestät gekrönt.*

Für die Seele

Eine traumhafte Umgebung mit Weitblick lädt zum Picknicken ein, wo wir den leckeren Käse dieser Tour genießen können.

ein. Am Kreisverkehr nehmen wir die zweite Ausfahrt geradeaus, radeln an der Schule vorbei und durch den kleinen Tunnel, der unter der Bundestraße 5 führt. Wir folgen dem Straßenverlauf weiter, am Südfriedhof vorbei bis zur Hauptstraße, wo wir rechts auf die Mildsteder Landstraße abbiegen.

An der ersten großen Kreuzung geht es rechts und gleich wieder links. Hier stehen wir vor der **Lamberti-Kirche** ④ in Mildstedt.

Sie ist um 1200 gebaut worden und gehört damit zu den ältesten Gebäuden der Region. Der einschiffige Backsteinbau wurde 1977 letztmalig umfassend renoviert. Der spätgotische Flügelaltar, der 1440 in Lübeck geschnitzt wurde, ist das wertvollste Stück der Kirche.

Die Tour geht weiter auf der Hauptstraße, wo wir links fahren, dann am **Kreisverkehr** die zweite Ausfahrt geradeaus nehmen und schließlich den Ort verlassen. Am ersten Wirtschaftsweg geht es links und am Ende dann rechts. Nun fahren wir erst mal gut 3,5 Kilometer bis nach Oldersbek, wo wir links abbiegen. Den zweiten Wirtschaftsweg radeln wir rechts Richtung **Ostenfeld.** Wenn wir in diesen hineinfahren, biegen wir gleich rechts auf den Diekerweg ab bis zur Kreuzung Süderkamp, dem wir links folgen bis zur Hauptstraße. Schräg links vor uns liegt die **Ostenfelder Meierei** ⑤. Etwas versteckt an der Seite ist der Eingang, wo wir unsere Räder abstellen können.

Die Meierei ist die kleinste in Schleswig-Holstein und hat eine lange Tradition. 1887 als Genossenschaft in Ostenfeld eröffnet, wird sie heute von Maike und Hauke Knoll aus Stapelholm geführt. Auch die Inselkäserei Pellworm gehört zu dieser Käserei. Der Käse wird in handwerklicher Tradition hergestellt und es gibt eine große Auswahl. Die Sorten tragen Namen wie Deichgraf, Rungholt oder Wikinger.

Wenn wir die Käserei verlassen, fahren wir rechts Richtung Husum, biegen aber am Ruheforst Ostenfeld rechts in die **Ohrstedter Straße** ab. Danach geht es in die

Die Lamberti-Kirche in Mildstedt

zweite Straße rechts aus Ostenfeld hinaus. Kurz vor Ortsausgang fahren wir links in den Schmöl, dem wir erst mal gut 3 Kilometer folgen. Dieser Abschnitt führt mitten durch Natur und wir können schöne Ausblicke genießen.

Am Hintereingang des Bundeswehrgeländes biegen wir rechts ab und fahren bis zur T-Kreuzung, wo wir rechts abbiegen und die nächste Straße gleich wieder links. Wir sind auf der Straße Bremsburg, die uns in einigen Metern zum Schwabstedter Damm bringt, wo die **Backensholzer Hofkäserei** ❻ beheimatet ist. Hier sind wir am westlichsten Punkt unserer Tour angekommen und es wird Zeit für eine ausgiebige Pause.

Bereits seit 1989 ist der Hof zertifizierter Biolandbetrieb. Mehrere Auszeichnungen für Umsetzung und Konzept konnte die Familie Metzger-Petersen schon einheimsen, darunter 2021 den Bundespreis für ökologischen Landbau. Auf dem Hof arbeiten verschiedene Betriebsteile Hand in Hand zusammen. Ziel ist es, möglichst nachhaltig zu wirtschaften und die vorhandenen Ressourcen auf dem Hof zu halten. Folgende Wirtschaftszweige gibt es auf dem Hof, die eng miteinander verknüpft sind: Landwirtschaft, Rohmilchkäserei, Biogas, Kindergarten, Hofküche. Seit 1991 wird handwerklich Rohmilchkäse hergestellt, wobei die Milch natürlich ausschließlich von den hofeigenen Kühen stammt. Der Backensholzer Käse ist über die Grenzen Schleswig-Holsteins bekannt und der Betrieb gehört zu den wenigen Käsereien Deutschlands, die in den letzten Jahren beim World Cheese Award erfolgreich waren. Im Jahr 2000 folgte die Biogasanlage, die gemeinsam mit einer Photovoltaikanlage alle Bereiche des Hofes mit Energie versorgt. Dann kam der Kindergarten und 2019 die Eröffnung der Hofküche, in der selbst produzierte Lebensmittel auf den Teller kommen. Die Besucher können auf dem ganzen Betriebsgelände spazieren

Backensholzer Hof

gehen und sich alles anschauen. Nach vorheriger Rücksprache gibt es auch Hofführungen.

Wir schwingen uns wieder in den Sattel und folgen dem Weg durch den Hof. Wir fahren vorbei an der Käserei, an der Biogasanlage bis zum Futterdepot und biegen an der Hauptstraße rechts ab. Links passieren wir das Materialwirtschaftszentrum der Bundeswehr, an dessen Hintereingang wir vorhin schon vorbeigekommen sind und halten uns immer weiter geradeaus, bis wir die Ortschaft Wester-Ohrstedt erreichen. An der Hauptstraße geht es links, wir radeln durch den Ortskern, um dann rechts in den Friesweg einzubiegen. In den ersten Wirtschaftsweg außerhalb **Wester-Ohrstedts** biegen wir rechts ab und an dessen Ende auch wieder rechts. Dann fahren wir gleich wieder links in den wundervollen Schotterweg und am Ende rechts. Nun rollen wir bis nach **Immenstedt.**

Wir halten uns links, auf der Hauptstraße rechts und biegen dann links in Westerende ein. Nun fahren wir geradeaus auf die **Feddersens Farm** **7** zu, die sich auf Wasserbüffel spezialisiert hat und viele Premiumprodukte aus der Milch herstellt. Es gibt keinen Hofladen, daher ist ein vorheriger Anruf ratsam, wenn man die Produkte verköstigen oder erwerben möchte. Für den Mozzarella kommen die Kunden weit angefahren und auch der Fedder (Käse nach Feta-Art, sehr zu empfehlen!) und der Schnittkäse Tilda sind absolute Spezialitäten. Bärbel und Arno Feddersen sind, wenn sie da sind oder nicht gerade bei den Tieren unterwegs sind, immer für einen Plausch zu haben und erzählen voller Leidenschaft von ihren Wasserbüffelprodukten.

Wir fahren die Stichstraße zurück bis zur Hauptstraße und biegen dort rechts ab. Dem Verlauf folgen wir gut 2,5 Kilometer, bis wir auf die B 201 stoßen. Hier fahren wir rechts, um dann in **Schwesing** links auf den Kirchenweg abzubiegen.

Ein interessanter Abstecher ist die **Gedenkstätte des KZ Außenlagers Husum-Schwesing** **8**. Ein Stück des Geländes wurde 1985 und ein weiteres Stück 1994 vom Kreis Nordfriesland gekauft. Seitdem wird es regelmäßig mit Informationen erweitert. 2017 wurde ein Rundgang mit Audioguide errichtet, das Gelände ist jederzeit zugänglich.

Am Ende geht es links und dann gleich wieder rechts, bis wir auf der Osterende sind. Vor der Bahn biegen wir rechts ab und bleiben erst mal gut 6 Kilometer auf der **Husumer Straße.** Wir fahren unter der B 5 hindurch, am Husumer Mineralbrunnen vorbei, bis zur T-Kreuzung am Netto-Discounter. Wir halten uns rechts und folgen der Straße bis zur Kreuzung Plan. Hier gibt es die Möglichkeit, geradeaus in die Süderstraße zu fahren bis zum **Hafenbecken,** um dort noch einen Husumbesuch anzuschließen oder links abzubiegen und noch ein paar Meter bis zum Bahnhof zu radeln. Zum Abschluss passt sicherlich noch ein Fischbrötchen in den Magen. Wir finden eine tolle Auswahl bei **„Krabben und Fisch" am Fischmarkt 9, Fischhaus Loof 10** oder der **MS Nordertor 11.** Gleich nebenan gibt es im **HafenKaffee Husum 12** eine gute Tasse Kaffee zum Abschluss oder ein deftiges Essen im Lammkontor an der Deichstraße.

*Das **Nordfriesische Lammkontor** ist ein Restaurant und Hofladen. Hier findet man eine schöne Auswahl an frischen Lammprodukten, unter anderem Salzwiesenlamm oder Deichlamm. Dazu gibt es haltbare Produkte wie geräucherte Lammsticks oder Sauerfleisch. In der Deichbar mit Ausblick bekommt man Tapas vom Lamm.*

Husum, die bunte Stadt am Meer

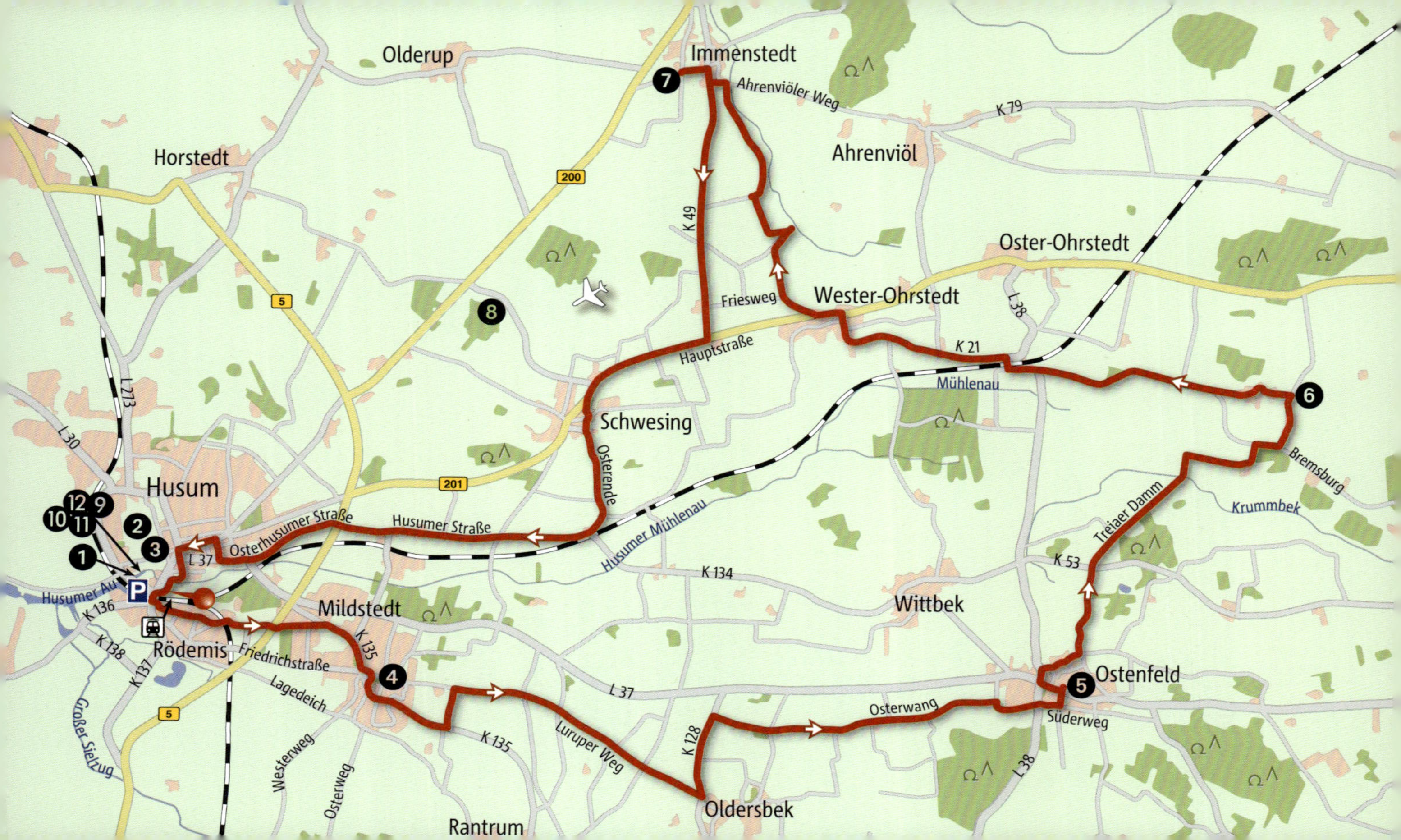
Olderup
Immenstedt
Ahrenviöler Weg
K 79
Ahrenviöl
Horstedt
200
K 49
Oster-Ohrstedt
Friesweg
Wester-Ohrstedt
L 38
5
Hauptstraße
K 21
Mühlenau
L 273
Schwesing
L 30
Osterende
Husum
201
Bremsburg
Osterhusumer Straße
Husumer Straße
Husumer Mühlenau
Krummbek
Treiaer Damm
L 37
K 134
K 53
Husumer Au
K 136
Mildstedt
Wittbek
K 135
Rödemis
Friedrichstraße
K 138
K 137
Ostenfeld
Lagedeich
L 37
Osterwang
Süderweg
Großer Sielzug
K 135
Luruper Weg
K 128
L 38
Westerweg
Osterweg
Oldersbek
Rantrum

Alles auf einen Blick

WIE & WANN:
Asphaltierte Wege, etwas hügelig, aber jederzeit gut zu bewältigen.
Beste Zeit: April bis Oktober.

HIN & WEG:
Auto: Kostenpflichtiger Parkplatz am Binnenhafen, Am Binnenhafen 5, 25813 Husum, www.parken-in husum.de (GPS: 54.473769, 9.048309)
ÖPNV: Mit der Bahn (RE 6 Hamburg-Altona nach Westerland/Sylt) bis Bahnhof Husum

ESSEN & ENTSPANNEN:
Künstlercafé Husum ❸ Neustadt 13, 25813 Husum, Tel. (0 48 41) 7 79 14 07, www.künstlercafehusum.de
Ostenfelder Meierei ❺ Zur Meierei 1, 25872 Ostenfeld, Tel. (0 48 45) 8 66, www.ostenfelder.de
Backensholzer Hofkäserei ❻ Schwabstedter Damm 8, 25885 Oster-Ohrstedt, Tel. (0 46 26) 1 85 80, www.backensholz.de
Feddersens Farm ❼ Westerende 9, 25885 Immenstedt, Tel. (0 48 43) 12 44, www.feddersens-farm.de
„Krabben und Fisch" am Fischmarkt ❾ Schiffbrücke 15, 25813 Husum
Fischhaus Loof ❿ Kleikuhle 7, 25813 Husum, Tel. (0 48 41) 20 34, www.fischhausloof.de
MS Nordertor ⓫ Hafenstraße, 25813 Husum, Tel. (0 48 41) 77 94 96, www.ms-nordertor.de
HafenKaffee Husum ⓬ Schiffbrücke 4, 25813 Husum, Tel. (0 48 41) 9 37 08 90, www.husumer-kaffeekontor.de

ENTDECKEN & ERLEBEN:
Storm-Haus ❶ Wasserreihe 31, 25813 Husum, Tel. (0 48 41) 8 03 86 30, www.storm-gesellschaft.de **Schloss vor Husum** ❷
Lamberti-Kirche ❹ **KZ-Gedenkstätte Husum-Schwesing** ❽

Entspannung ★★★★☆
Genuss ★★★☆☆
Romantik ★★★☆☆

Historischer Hafen Tönning mit dem Packhaus im Hintergrund

- 48,6 Kilometer
- 40 Höhenmeter
- 6 Stunden
- Rundtour

Unsere heutige Verwöhntour startet auf dem großen Supermarktparkplatz am Ortseingang von **Tönning** an der Bundesstraße. Wenn wir mit dem Zug anreisen, dann radeln wir einmal um den Stadtkern herum und starten dann auch hier. Diese Verwöhntour führt uns nördlich von Tönning zu historischen Haubargen, durch die typische Eiderstedter Landschaft und zu einigen Fischräuchereien. Das kulinarische Angebot ist heute sehr vielfältig.

Wir fahren am **Kreisverkehr** rechts und biegen nach der Bundesstraßenauffahrt links auf den Ellworter Weg ab. Ihm folgen wir erst mal einige Kilometer, bis wir an die **Kotzenbüller Chaussee** kommen. Wir biegen rechts ab und stehen nach gut 500 Metern links vor der Einfahrt zum **Herrenhaus Hoyerswort (1)**. Hier legen wir eine erste Pause ein. Das Herrenhaus wurde im 16. Jahrhundert im Renaissancestil erbaut und gilt als eines der schönsten in Schleswig-Holstein. Die eindrucksvolle Anlage steht unter Denkmalschutz und dient heute als Café, Brasserie, Töpferei und Museum mit wechselnden Ausstellungen. Es ist das einzige Herrenhaus auf der Halbinsel Eiderstedt und es ranken sich zahlreiche Sagen und Geschichten um das Gebäude, die man bei einer kostümierten Führung erfahren kann. Im Café gibt es selbst gebackene Torten, eine große Kaffeespezialitätenauswahl, Tees und für den deftigen Appetit selbst gebackenes, köstliches Dinkelbrot mit verschiedenen Belägen. Die Brasserie, die 2021 eröffnet wurde, bietet eine französisch

Altes und Neues

Von Tönning zum Roten Haubarg

angehauchte Speisekarte mit Galettes, Crépes und anderen Spezialitäten. Ein Skulpturenpark und eine Streuobstwiese gehören auch zum Anwesen. Dort gibt es einige wunderschöne Sitzplätze, wo wir uns niederlassen und die Atmosphäre auf uns wirken lassen können.

Nach der Verköstigung verlassen wir das Herrenhaus und biegen rechts ab. Dann nehmen wir die dritte Straße, Gunsbüttel, rechts und folgen ihr knapp 4 Kilometer bis zum Ende. Anschließend fahren wir rechts bis zur Hauptstraße. Wir überqueren sie und biegen gegenüber in den Osteroffenbülldeich ein, auf dessen Wegverlauf wir gut 7 Kilometer bleiben. Etwa auf halber Strecke liegt links die **Schankwirtschaft Smeerkrog 2,** die schon vormittags geöffnet hat. Zum

Tönning am Hafen

Frühstück wird eine Anmeldung am Vortrag erbeten. Die Schankwirtschaft hat eine Refill-Station und wir können hier unsere Wasserflaschen kostenlos auffüllen lassen. Vielleicht finden wir nebenbei auch noch einen leckeren Honig, Marmelade oder ein anderes regional produziertes Geschenk, das dort verkauft wird. Die Schankwirtschaft ist ebenso wie das Herrenhaus Hoyerswort und der Rote Haubarg Nationalparkpartner.

Nationalparkpartnerschaften werden im Nationalpark Schleswig-Holsteinisches Wattenmeer seit 2003 geschlossen. Rund 200 Touristinformationen, Hoteliers, Wattführerinnen und -führer, Reedereien, Gastronomen und Freizeitanbieter haben es sich zur Aufgabe gemacht, die Küstenlandschaft und das UNESCO-Weltnaturerbe Wattenmeer zu erhalten und für Gäste erlebbar zu machen. Sie sehen sich als Botschafter des Nationalparks Wattenmeer. Die Partner werden zertifiziert und regelmäßig weitergebildet. Ein Vergaberat, bestehend aus Mitgliedern verschiedener Interessensgruppen, entscheidet anhand eines extern angelegten Kriterienkatalogs über die Aufnahme. Sie werden von Sachverständigen begleitet. Nationalparkpartner (eigenständiger Begriff) stehen für eine hohe Qualität.

Am Ende des Straßenverlaufs biegen wir links an der Kreuzung Am Sand ein, radeln die Rechtskurve entlang und folgen dann dem Schild zum **Restaurant Roter Haubarg** ③ links. Schon die Anfahrt auf das große Gebäude ist eindrucksvoll.

Für die Seele

Die herrlichen Gartenplätze am Herrenhaus Hoyerswort und am Roten Haubarg laden uns ein, schöne Pausen abseits vom Lärm zu genießen.

Aber warum ist der Rote Haubarg nun weiß und nicht rot? Als er 1647 errichtet wurde, deckte man ihn nicht mit Reet ein, sondern mit roten Ziegeln. Erst nach einem Brand 1759, als der Haubarg neu aufgebaut wurde, kam das Reetdach hinzu. Das Gebäude hat eine Firsthöhe von 17 Metern und ist damit ungewöhnlich hoch. Es ist rechteckig und hat 99 Fenster. Heute beherbergt es ein Restaurant und ein Museum, in dem wir uns über das Leben auf dem Haubarg informieren können. Es gibt einige landwirtschaftliche Geräte aus dem letzten Jahrhundert. Anhand von Modellen und Infotafeln bekommen wir einen Eindruck vom Haubargleben vergangener Tage. Der Eintritt ist für Restaurantbesucher frei.

Der Rote Haubarg ist immer einen Ausflug wert. Es schmiegt sich idyllisch in die Landschaft und auf der schönen Terrasse oder in der sehenswerten alten

Innenraum des Roten Haubargs

Stube lässt sich wunderbar schlemmen und abschalten. Die Karte ist umfangreich und gut bestückt mit Eiderstedter Spezialitäten von Fisch, Lamm oder Rind. Dazu gibt es eine große Eisauswahl vom Nordstrander MUKU-Eis und selbst gemachte Kuchen und Torten.

Unsere Radtour führt uns weiter. Wir verlassen das Restaurant und biegen an der Hauptstraße links ab und dann gleich wieder rechts auf den Haimoordeich. Diesem Weg folgen wir eine Zeit lang, bis wir auf die Bundestraße 5 stoßen, die wir überqueren. Wir befinden uns auf dem Dinksbülldeich, dem wir bis an die Bahnschienen folgen. Hier fahren wir rechts **Richtung Koldenbüttel.** Kurz vor Ortseingang liegt rechts ein **Naturerlebnisraum ④,** der über die Marschlandschaft informiert. Auf knapp 4 Hektar können wir Warft, Weide, Gräben oder Deich erleben. Alles Elemente, die diese Marschlandschaft prägen. Es gibt zudem einen schönen 3,4 Kilometer langen Baumpfad und einen Beobachtungsteg.

Wir folgen der **Dorfstraße** weiter und biegen vor der St.-Leonhard-Kirche rechts ab, um dem manchmal kurvigen Weg gut 2,5 Kilometer zu folgen. Dann fahren wir rechts in den Wirtschaftsweg und anschließend wieder links auf den Riesbülldeich. Dem Verlauf folgen wir bis an die Bundesstraße, überqueren sie erneut und fahren dann geradeaus weiter, um dann nach einigen Metern bei der **Fischräucherei Helmut Dohmeyer ⑤,** auch Witzworter Räucherkate genannt, anzuhalten. An Wochentagen ist die Räucherei geöffnet und wir können leckere Produkte erwerben. Es wird nach traditioneller Art auf Buchen- oder Erlenholz geräuchert und damit gewährleistet, dass das maximale Aroma an das Räuchergut weitergegeben wird. Neben Räucherfisch gibt es Bratheringe nach eigenem Rezept und Krabben oder Aal in Gelee, die nach original norddeutschen Familienrezepten hergestellt werden.

*Der **Haubarg** ist typisch auf der Insel Eiderstedt und gilt als größtes Bauernhaus der Welt. Haubarg bedeutet „Heu bargen" (stapeln). Mensch und Tier lebten in Haubargen früher unter einem Dach, allerdings in getrennten Räumen. Auf Eiderstedt sind 47 Haubarge denkmalgeschützt.*

Wundervoller Blick in den Garten
von der Terrasse des Roten Haubargs

Unsere Tour führt uns den Straßenverlauf weiter, bis wir rechts in den Kirchenweg Richtung Witzwort abbiegen.

Am Ende der Straße steht die **Kirche St. Marien 6**, die einen Besuch wert ist, denn sie ist eine von 18 historischen Kirchen auf Eiderstedt. Der einschiffige gotische Backsteinbau wurde etwa 1420 auf einer Warft erbaut, der Glockenturm, der abseits steht, stammt erst aus dem Jahr 1631. Die Kirche besitzt einen Flügelaltar und die ältesten Ausstattungsstücke sind zwei Kruzifixe aus dem 13. Jahrhundert.

Wir setzen unsere Rundtour fort, fahren den Kirchenweg bis zur ersten Kreuzung zurück und biegen rechts in den **Süderohlfelderweg** ein. Wir radeln geradeaus bis zum Bauernweg, in den wir links abbiegen. Am Ende fahren wir wieder links und kurz vor der Bundesstraße liegt links dann noch die **Fischräucherei zum Rauchfang 7**. Hier gibt es verschiedene Fischsalate, geräucherte Fischspezialitäten und vieles mehr. Der Fischwagen steht auch regelmäßig auf den Wochenmärkten von Friedrichstadt und St. Peter-Ording oder am Multimar Wattforum in Tönning.

Das **Multimar Wattforum 8** ist das größte Infozentrum der Nationalparkverwaltung und einen Abstecher wert. Es wurde 1999 eröffnet und das Ziel ist es, über das Leben im Wattenmeer in verschiedenen Bereichen zu informieren. Es gibt auch ein Restaurant.

Für uns geht es auf dem Radweg der Bundesstraße weiter. Aber nur für 1 Kilometer, dann biegen wir links in den Rothenspieker ab. Wir überqueren die **Alte Eider** und folgen dem Verlauf bis zum Ende, wo wir rechts in den Altendeich abbiegen.

Hier rollen wir parallel zur Bundestraße bis zur Friedrichstädter Chaussee, wo wir links fahren. Nach gut 1 Kilometer sind wir wieder an unserem Startplatz.

Der historische Hafen von Tönning

Historisches Tönning
Tönninger Hafen um 1955
Der Runde Tisch e.V.

Heverstrom
Naturschutzgebiet
Nordfriesisches Wattenmeer
Uelvesbüll
L 310
Mühlendeich
Haimoordeich
Am Sand
Moordeich
Norderfriedrichskoog
Rosenburger Deep
K 55
K 1
5
Dingsbülldeich
Witzwort
Büttel
Koldenbüttel
K 22
202
Treene
Friedrichstadt
K 19
K 20
Spreenfang-Sielzug
L 32
Niederweg
Hochbrücksiel
Wester-Sielzug
Oldenswort
L 36
Eider
L 156
Alte Eider
Chaussee
Kotzenbüller
L 311
Norderbootfahrt
Kotzenbüll
Hemmerdeich
Oldensworter Vorland
Lehe
K 70
Lunden
K 69
L 149
Tönning
P
1
2
3
4
5
6
7

Alles auf einen Blick

WIE & WANN:
Asphaltierte Wege. Für Anfänger sehr gut geeignet. Beste Zeit: April bis Oktober.

HIN & WEG:
Auto: Kostenloser Parkplatz an den Supermärkten, Dithmarscher Straße, 25832 Tönning, (GPS: 54.323366, 8.951967)
ÖPNV: Mit der Bahn (RB 64 Husum nach St. Peter-Ording) bis Bahnhof Tönning

ESSEN & ENTSPANNEN:
Herrenhaus Hoyerswort ❶ Hoyerswort, 25870 Oldenswort, Tel. (0 48 64) 2 03 98 38, www.hoyerswort.de
Schankwirtschaft Smeerkrog ❷ Moordeich 1, 25889 Uelvesbüll, Tel. (0 48 64) 10 08 33, www.landerleben-nordsee.de
Restaurant Roter Haubarg ❸ Sand 5, 25889 Witzwort, Tel. (0 48 64) 8 45, www.roterhaubarg.de
Fischräucherei Helmut Dohmeyer ❺ Riesbülldeich 5, 25889 Witzwort, Tel. (01 74) 6 51 37 43, www.witzworter-raeucherkate.de
Fischräucherei zum Rauchfang ❼ Harblek 33, 25870 Oldenswort, Tel. (0 48 64) 3 43 00 17, www.fischraeucherei-zum-rauchfang.de

ENTDECKEN & ERLEBEN:
Naturerlebnisraum Koldenbüttel ❹ Dorfstraße, 25840 Koldenbüttel, www.naturerlebnisraum-koldenbuettel.de
Kirche St. Marien ❻ Kirchenweg, 25889 Witzwort
Multimar Wattforum ❽ Dithmarscher Straße 6a, 25832 Tönning, Tel. (0 48 61) 9 62 00, www.multimar-wattforum.de

Entspannung ✱✱✱✱✱
Genuss ✱✱✱✱✱
Romantik ✱✱✱✱✱

Die GPS-Daten zu jeder Tour gibt es auf
www.droste-verlag.de

Konzeption/Satz: Droste Verlag, Düsseldorf
Einbandgestaltung: Britta Rungwerth, Düsseldorf, unter Verwendung von Bildern von © Fotolia.com: Andrey Kuzmin, undrey, dabost, niroworld; © www.stock.adobe.com: venemama
Fotos: Bürte Lachenmann, außer: www.stock.adobe.com: S. 148 (Heiner Witthake), S. 153 (GM Photography)
Textlektorat: Ute König, Kitzingen
Karten: Thorsten David, Bochum
Druck und Bindung: LUC GmbH, Greven

FSC www.fsc.org MIX Papier aus verantwortungsvollen Quellen FSC® C011279

ISBN 978-3-7700-2391-2
www.droste-verlag.de